Sabores da Índia

Uma Jornada Culinária de Especiarias e Experiências

Priya Sharma

Conteúdo

Feijão Brotado Bhel 16
    Ingredientes 16
    Para enfeitar : 16
    Método 16
Aloo Kachori 18
    Ingredientes 18
    Método 18
Dieta 19
    Ingredientes 19
    Método 19
Rolo Nutritivo 21
    Ingredientes 21
    Método 22
Sabudana Palak Doodhi Uttapam 23
    Ingredientes 23
    Método 24
Poha 25
    Ingredientes 25
    Método 26
Escalope de legumes 27
    Ingredientes 27
    Método 28
Soja Uppit 29

- Ingredientes 29
  - Método 30
- Upma 31
  - Ingredientes 31
  - Método 32
- Aletria Upma 33
  - Ingredientes 33
  - Método 34
- Bonda 35
  - Ingredientes 35
  - Método 36
- Dhokla instantâneo 37
  - Ingredientes 37
  - Método 38
- Dhal Maharani 39
  - Ingredientes 39
  - Método 40
- Milagu Kuzhambu 41
  - Ingredientes 41
  - Método 42
- Dhal Hariyali 43
  - Ingredientes 43
  - Método 44
- Dhalcha 45
  - Ingredientes 45
  - Método 46
- Tarkari Dhalcha 47

Ingredientes	47
Método	48
Dhokar Dhalna	**49**
Ingredientes	49
Método	49
Lagarto monitor	**51**
Ingredientes	51
Método	51
Doce Dhal	**52**
Ingredientes	52
Método	53
Dhal doce e azedo	**54**
Ingredientes	54
Método	55
Mung-ni-Dhal	**56**
Ingredientes	56
Método	57
Dhal com cebola e coco	**58**
Ingredientes	58
Método	59
Dahi Kadhi	**60**
Ingredientes	60
Método	61
Dhal de espinafre	**62**
Ingredientes	62
Método	63
Tawker Dhal	**64**

Ingredientes 64

Método 65

Dhal Básico 66

Ingredientes 66

Método 67

Maa-ki-Dhal 68

Ingredientes 68

Método 69

Dhansak 70

Ingredientes 70

Para a mistura dhal: 70

Método 71

Masoor Dhal 72

Ingredientes 72

Método 72

Panchemel Dhal 73

Ingredientes 73

Método 74

Cholar Dhal 75

Ingredientes 75

Método 76

Dilpasand Dhal 77

Ingredientes 77

Método 78

Dhal Masoor 79

Ingredientes 79

Método 80

Dhal de berinjela 81
    Ingredientes 81
    Método 82
Dhal Tadka Amarelo 83
    Ingredientes 83
    Método 84
Rasam 85
    Ingredientes 85
    Para a mistura de especiarias: 85
    Método 86
Mung Dhal Simples 87
    Ingredientes 87
    Método 87
Mung verde inteiro 88
    Ingredientes 88
    Método 89
Dahi Kadhi com Pakoras 90
    Ingredientes 90
    Para o kadhi: 90
    Método 91
Dhal doce com manga verde 92
    Ingredientes 92
    Método 93
Malai Dhal 94
    Ingredientes 94
    Método 95
Sambhar 96

    Ingredientes 96

    Para temperar: 96

    Método 97

Três dhals 98

    Ingredientes 98

    Método 99

Methi-Baqueta Sambhar 100

    Ingredientes 100

    Método 101

Dhal Shorba 102

    Ingredientes 102

    Método 103

Mungo delicioso 104

    Ingredientes 104

    Método 105

Masala Toor Dhal 106

    Ingredientes 106

    Método 107

Mung Dhal Amarelo Seco 108

    Ingredientes 108

    Método 108

Mung Dhal apimentado 109

    Ingredientes 109

    Método 109

Dhal Bukhara 110

    Ingredientes 110

    Método 111

Methi Dhal 112
    Ingredientes 112
    Para temperar: 113
    Método 113

Malai Koftas 114
    Ingredientes 114
    Para os koftas: 115
    Método 115

Aloo Palak 118
    Ingredientes 118
    Método 119

Dum ka Karela 120
    Ingredientes 120
    Para o recheio: 120
    Para temperar: 121
    Método 121

Caril Navratna 123
    Ingredientes 123
    Para a mistura de especiarias: 124
    Método 124

Kofta misto de vegetais com curry de tomate 126
    Ingredientes 126
    Para o caril: 126
    Método 127

Muthias ao molho branco 129
    Ingredientes 129
    Para os mútias: 130

    Método 130

Caril Marrom 131

    Ingredientes 131

    Método 132

Caril de diamante 133

    Ingredientes 133

    Para diamantes: 133

    Método 134

Ensopado de legumes 135

    Ingredientes 135

    Método 136

Curry de cogumelos e ervilha 137

    Ingredientes 137

    Método 138

Navratan Korma 139

    Ingredientes 139

    Método 140

Sindi Sai Bhaji* 141

    Ingredientes 141

    Método 142

Beterraba Nawabi 143

    Ingredientes 143

    Método 144

Baghara Baingan 145

    Ingredientes 145

    Método 146

Kofta de cenoura cozida no vapor 147

- Ingredientes 147
    - Para o kafta: 147
    - Para a massa: 148
    - Método 149
- Dhingri Shabnam 150
    - Ingredientes 150
    - Para o recheio: 150
    - Para o molho: 150
    - Método 151
- Xacutti de cogumelo 153
    - Ingredientes 153
    - Método 154
- Paneer e curry de milho 155
    - Ingredientes 155
    - Método 156
- Basant Bahar 157
    - Ingredientes 157
    - Para o molho: 158
    - Método 158
- Palak Kofta 160
    - Ingredientes 160
    - Para o kafta: 160
    - Para o molho: 160
    - Método 161
- Kofta de repolho 163
    - Ingredientes 163
    - Para o kafta: 163

Para o molho: 163

    Método 164

Koottu 165

    Ingredientes 165

    Método 166

Manteiga Paneer Masala 167

    Ingredientes 167

    Para o molho: 167

    Método 168

Mor Kolambu 170

    Ingredientes 170

    Para a mistura de especiarias: 170

    Método 171

Aloo Gobhi aur Methi ka Tuk 172

    Ingredientes 172

    Método 173

Avião 174

    Ingredientes 174

    Método 175

Caril de leitelho 176

    Ingredientes 176

    Método 177

Curry de couve-flor com creme 178

    Ingredientes 178

    Método 179

Ervilhas Usuais 180

    Ingredientes 180

- Método 181
- Aloo Posto 182
  - Ingredientes 182
  - Método 182
- Palak Paneer 183
  - Ingredientes 183
  - Método 184
- Matar Paneer 185
  - Ingredientes 185
  - Método 186
- Dahi Karela 187
  - Ingredientes 187
  - Método 188
- Caril de tomate e legumes 189
  - Ingredientes 189
  - Método 189
- Doodhi com Chana Dhal 190
  - Ingredientes 190
  - Método 191
- Tomate chi Bhaji* 192
  - Ingredientes 192
  - Método 192
- Batatas secas 193
  - Ingredientes 193
  - Método 193
- Quiabo recheado 194
  - Ingredientes 194

Método 195
Quiabo masala 196
    Ingredientes 196
    Método 196
Simla Matar 197
    Ingredientes 197
    Método 198
Vagens 199
    Ingredientes 199
    Método 199
Baquetas Masala 200
    Ingredientes 200
    Método 201
Batata Seca Picante 202
    Ingredientes 202
    Método 203
Khatte Palak 204
    Ingredientes 204
    Método 205
Legumes mistos três em um 206
    Ingredientes 206
    Método 206
Batata com molho de iogurte 207
    Ingredientes 207
    Para a mistura de especiarias: 207
    Método 207
Peixe Parsi Sas 209

Ingredientes	209
Método	209
Peshawari Machhi	211
Ingredientes	211
Método	211
Caril de caranguejo	213
Ingredientes	213
Método	214
Peixe mostarda	215
Ingredientes	215
Método	215

Feijão Brotado Bhel

(Lanche salgado com feijão germinado)

Para 4 pessoas

Ingredientes

100g/3½ onças de feijão mungo germinado, cozido

250g/9 onças de kaala chana*, fervido

3 batatas grandes cozidas e picadas

2 tomates grandes, picados finamente

1 cebola média picada

Sal a gosto

Para enfeitar :

2 colheres de sopa de chutney de menta

2 colheres de sopa de chutney de manga doce e quente

4-5 colheres de sopa de iogurte

100g/3½ onças de batata frita, esmagada

10g/¼oz de folhas de coentro picadas

Método

- Misture todos os ingredientes, exceto os ingredientes da cobertura.

- Decore na ordem listada nos ingredientes. Sirva imediatamente.

Aloo Kachori

(bolinho de batata frita)

Dá 15

Ingredientes

350g/12 onças de farinha integral

1 colher de sopa de óleo vegetal refinado e um pouco mais para fritar

1 colher de chá de sementes de ajwain

Sal a gosto

5 batatas cozidas e amassadas

2 colheres de chá de pimenta em pó

1 colher de sopa de folhas de coentro picadas

Método

- Sove a farinha, 1 colher de sopa de óleo, as sementes de ajwain e o sal. Divida em bolas do tamanho de limão. Achate cada um entre as palmas das mãos e reserve.
- Misture as batatas, a pimenta em pó, as folhas de coentro e um pouco de sal.
- Coloque uma porção dessa mistura no centro de cada hambúrguer. Feche apertando as bordas.
- Aqueça o azeite em uma frigideira. Frite os kachoris em fogo médio até dourar. Escorra e sirva quente.

Dieta

(panqueca dietética)

Faz 12

Ingredientes

300g/10 onças de mung dhal*, embebido em 250 ml/8 fl oz de água por 3-4 horas

3-4 pimentões verdes

2,5 cm/1 polegada de raiz de gengibre

100g/3½ onças de sêmola

1 colher de sopa de creme de leite

50 g de folhas de coentro picadas

6 folhas de curry

Óleo vegetal refinado para lubrificação

Sal a gosto

Método

- Misture o dhal com pimenta verde e gengibre. Moer juntos.
- Adicione a semolina e o creme de leite. Misture bem. Adicione folhas de coentro, folhas de curry e água suficiente para fazer uma pasta grossa.

- Unte com manteiga uma frigideira plana e aqueça. Despeje 2 colheres de sopa de massa por cima e espalhe com as costas de uma colher. Cozinhe por 3 minutos em fogo baixo. Volte e repita.
- Repita para o resto da massa. Servir quente.

Rolo Nutritivo

Dá 8-10

Ingredientes

200g de espinafre picado

1 cenoura picada

125g/4½ onças de ervilhas congeladas

50g/1¾oz de feijão mungo germinado

3-4 batatas grandes, cozidas e amassadas

2 cebolas grandes, finamente picadas

½ colher de chá de pasta de gengibre

½ colher de chá de pasta de alho

1 pimenta verde, picada finamente

½ colher de chá de amchoor*

Sal a gosto

½ colher de chá de pimenta em pó

3 colheres de sopa de folhas de coentro picadas finamente

Óleo vegetal refinado para frituras rasas

8-10 chapatis

2 colheres de sopa de chutney de manga doce e quente

Método

- Cozinhe no vapor o espinafre, a cenoura, a ervilha e o feijão mungo.
- Misture os legumes cozidos no vapor com batatas, cebolas, pasta de gengibre, pasta de alho, pimenta verde, amchoor, sal, pimenta em pó e folhas de coentro. Amasse bem para fazer uma mistura homogênea.
- Molde a mistura em pequenas costeletas.
- Aqueça o óleo em uma panela. Frite as costeletas em fogo médio até dourar. Escorra e reserve.
- Espalhe um chutney de manga doce e quente em um chapatti. Coloque uma costeleta no centro e enrole o chapatti.
- Repita para todos os chapattis. Servir quente.

Sabudana Palak Doodhi Uttapam

(Crêpe com sagu, espinafre e cabaça)

Dê 20

Ingredientes

1 colher de chá de toor dhal*

1 colher de chá de mung dhal*

1 colher de chá de feijão urad*

1 colher de chá de masoor dhal*

3 colheres de chá de arroz

100g/3½ onças de sagu moído grosseiramente

50 g de espinafre cozido no vapor e moído

cabaça*, Grato

125g/4½ onças de besan*

½ colher de chá de cominho em pó

1 colher de chá de folhas de hortelã, picadas finamente

1 pimenta verde, picada finamente

½ colher de chá de pasta de gengibre

Sal a gosto

100 ml/3½ fl oz de água

Óleo vegetal refinado para fritar

Método

- Moa o toor dhal, o mung dhal, o feijão urad, o masoor dhal e o arroz. Deixe de lado.
- Mergulhe o sagu por 3 a 5 minutos. Escorra completamente.
- Misture com a mistura de dhal e arroz moído.
- Adicione espinafre, cabaça, besan, cominho em pó, folhas de hortelã, pimenta verde, pasta de gengibre, sal e água suficiente para fazer uma pasta grossa. Reserve por 30 minutos.
- Unte uma frigideira com manteiga e aqueça. Despeje 1 colher de sopa de massa na forma e espalhe com as costas de uma colher.
- Cubra e cozinhe em fogo médio até que a parte inferior fique marrom clara. Volte e repita.
- Repita para o resto da massa. Sirva quente com ketchup de tomate ou chutney de coco verde

Poha

Para 4 pessoas

Ingredientes

150g/5½ onças de poha*

1½ colher de sopa de óleo vegetal refinado

½ colher de chá de sementes de cominho

½ colher de chá de sementes de mostarda

1 batata grande, picada finamente

2 cebolas grandes em fatias finas

5-6 pimentões verdes, picados finamente

8 folhas de curry, picadas grosseiramente

colher de chá: Açafrão

45 g de amendoim torrado (opcional)

25g/1oz de coco fresco, ralado ou raspado

10g/¼oz de folhas de coentro, picadas finamente

1 colher de chá de suco de limão

Sal a gosto

Método

- Lave bem o poha. Escorra completamente a água e reserve o poha em uma peneira por 15 minutos.
- Solte suavemente os pedaços de poha com os dedos. Deixe de lado.
- Aqueça o óleo em uma panela. Adicione as sementes de cominho e mostarda. Deixe-os cuspir por 15 segundos.
- Adicione as batatas picadas. Refogue em fogo médio por 2-3 minutos. Adicione a cebola, a pimenta verde, as folhas de curry e a cúrcuma. Cozinhe até que as cebolas fiquem translúcidas. Retire do fogo.
- Adicione a poha, o amendoim torrado e metade do coco ralado e as folhas de coentro. Mexa para misturar bem.
- Polvilhe com suco de limão e sal. Cozinhe em fogo baixo por 4-5 minutos.
- Decore com o restante das folhas de coco e coentro. Servir quente.

Escalope de legumes

Faz 10-12

Ingredientes

2 cebolas picadas finamente

5 dentes de alho

colher de chá de sementes de erva-doce

2-3 pimentões verdes

10g/¼oz de folhas de coentro, picadas finamente

2 cenouras grandes, picadas finamente

1 batata grande, picada finamente

1 beterraba pequena, picada finamente

50g/1¾oz de feijão verde, picado finamente

50g/1¾oz de ervilhas verdes

900 ml/1½ litro de água

Sal a gosto

colher de chá: Açafrão

2-3 colheres de sopa de besan*

1 colher de sopa de óleo vegetal refinado e um pouco mais para fritar

50 g de pão ralado

Método

- Moa 1 cebola, alho, sementes de erva-doce, pimenta verde e folhas de coentro até formar uma pasta lisa. Deixe de lado.
- Combine cenoura, batata, beterraba, feijão verde e ervilha em uma panela. Adicione 500 ml de água, sal e açafrão e cozinhe em fogo médio até os legumes ficarem macios.
- Amasse bem os legumes e reserve.
- Misture o besan e a água restante para formar uma pasta lisa. Deixe de lado.
- Aqueça 1 colher de sopa de óleo em uma panela. Adicione a cebola restante e refogue até ficar translúcida.
- Adicione a pasta de cebola e alho e frite por um minuto em fogo médio, mexendo sempre.
- Adicione o purê de legumes e misture bem.
- Remova do quente e deixe esfriar.
- Divida esta mistura em 10-12 bolas. Achate entre as palmas das mãos para fazer hambúrgueres.
- Mergulhe os hambúrgueres na massa e passe-os na farinha de rosca.
- Aqueça o azeite em uma frigideira. Frite os hambúrgueres até dourar dos dois lados.
- Sirva quente com ketchup.

Soja Uppit

(lanche de soja)

Para 4 pessoas

Ingredientes

1½ colher de sopa de óleo vegetal refinado

½ colher de chá de sementes de mostarda

2 pimentões verdes, finamente picados

2 pimentões vermelhos picados finamente

Pitada de assa-fétida

1 cebola grande, finamente picada

2,5 cm de raiz de gengibre, cortada em juliana

10 dentes de alho picados finamente

6 folhas de curry

100g/3½oz de farelo de soja*, torrado a seco

100g/3½ onças de sêmola, torrada a seco

200g/7 onças de ervilhas

500 ml de água quente

colher de chá: Açafrão

1 colher de chá de açúcar

1 colher de chá de sal

1 tomate grande, picado finamente

2 colheres de sopa de folhas de coentro, picadas finamente

15 passas

10 castanhas de caju

Método

- Aqueça o óleo em uma panela. Adicione as sementes de mostarda. Deixe-os cuspir por 15 segundos.
- Adicione pimenta verde, pimenta vermelha, assa-fétida, cebola, gengibre, alho e folhas de curry. Cozinhe em fogo médio por 3 a 4 minutos, mexendo sempre.
- Adicione o farelo de soja, a sêmola e as ervilhas. Cozinhe até que os dois tipos de semolina fiquem dourados.
- Adicione a água quente, a cúrcuma, o açúcar e o sal. Cozinhe em fogo médio até a água secar.
- Decore com o tomate, as folhas de coentros, as passas e as castanhas de caju.
- Servir quente.

Upma

(Prato de café da manhã de semolina)

Para 4 pessoas

Ingredientes

1 colher de sopa de ghee

150g/5½ onças de sêmola

1 colher de sopa de óleo vegetal refinado

colher de chá de sementes de mostarda

1 colher de chá de urad dhal*

3 pimentões verdes, cortados longitudinalmente

8 a 10 folhas de curry

1 cebola de tamanho médio, picada finamente

1 tomate de tamanho médio, picado finamente

750 ml/1¼ litro de água

1 colher de chá bem cheia de açúcar

Sal a gosto

50g de ervilhas em lata (opcional)

25 g/algumas folhas de coentro, picadas finamente

Método

- Aqueça o ghee em uma panela. Adicione a semolina e frite, mexendo sempre, até a semolina dourar. Deixe de lado.
- Aqueça o óleo em uma panela. Adicione sementes de mostarda, urad dhal, pimenta verde e folhas de curry. Frite até que o urad dhal fique marrom.
- Adicione a cebola e refogue em fogo baixo até ficar translúcida. Adicione o tomate e frite por mais 3-4 minutos.
- Adicione a água e misture bem. Cozinhe em fogo médio até a mistura começar a ferver. Misture bem.
- Adicione o açúcar, o sal, a sêmola e as ervilhas. Misture bem.
- Cozinhe em fogo baixo, mexendo continuamente por 2-3 minutos.
- Decore com folhas de coentro. Servir quente.

Aletria Upma

(aletria de cebola)

Para 4 pessoas

Ingredientes

3 colheres de sopa de óleo vegetal refinado

1 colher de chá de mung dhal*

1 colher de chá de urad dhal*

colher de chá de sementes de mostarda

8 folhas de curry

10 amendoins

10 castanhas de caju

1 batata média, picada finamente

1 cenoura grande, picada finamente

2 pimentões verdes, finamente picados

1 cm/½ raiz de gengibre, finamente picada

1 cebola grande, finamente picada

1 tomate picado

50g/1¾oz de ervilhas congeladas

Sal a gosto

1 litro/1¾ litro de água

200g/7 onças de aletria

2 colheres de sopa de ghee

Método

- Aqueça o óleo em uma panela. Adicione mung dhal, urad dhal, sementes de mostarda e folhas de curry. Deixe-os cuspir por 30 segundos.
- Adicione o amendoim e as castanhas de caju. Frite em fogo médio até dourar.
- Adicione a batata e a cenoura. Frite por 4-5 minutos.
- Adicione a pimenta malagueta, o gengibre, a cebola, o tomate, as ervilhas e o sal. Cozinhe em fogo médio, mexendo sempre, até os legumes ficarem macios.
- Adicione a água e deixe ferver. Misture bem.
- Adicione a aletria, mexendo sempre para evitar a formação de grumos.
- Cubra com uma tampa e cozinhe em fogo baixo por 5-6 minutos.
- Adicione o ghee e misture bem. Servir quente.

Bonda

(Costeleta de batata)

Dê 10

Ingredientes

5 colheres de sopa de óleo vegetal refinado mais extra para fritar

½ colher de chá de sementes de mostarda

2,5 mm/1 em raiz de gengibre, picada finamente

2 pimentões verdes, finamente picados

50 g de folhas de coentro picadas finamente

1 cebola grande, finamente picada

4 batatas médias cozidas e amassadas

1 cenoura grande, picada e cozida

125g/4½ onças de ervilhas enlatadas

Pitada de açafrão

Sal a gosto

1 colher de chá de suco de limão

250g/9 onças de besan*

200 ml de água

½ colher de chá de fermento em pó

Método

- Aqueça 4 colheres de sopa de óleo em uma panela. Adicione sementes de mostarda, gengibre, pimenta verde, folhas de coentro e cebola. Cozinhe em fogo médio, mexendo de vez em quando, até a cebola dourar.
- Adicione as batatas, a cenoura, as ervilhas, a cúrcuma e o sal. Cozinhe em fogo baixo por 5 a 6 minutos, mexendo ocasionalmente.
- Polvilhe com suco de limão e divida a mistura em 10 bolas. Deixe de lado.
- Misture besan, água e fermento com 1 colher de sopa de óleo para fazer a massa.
- Aqueça o óleo em uma panela. Mergulhe cada bola de batata na massa e frite em fogo médio até dourar.
- Servir quente.

Dhokla instantâneo

(Bolo salgado instantâneo cozido no vapor)

Rende 15-20

Ingredientes

250g/9 onças de besan*

1 colher de chá de sal

2 colheres de sopa de açúcar

2 colheres de sopa de óleo vegetal refinado

½ colher de sopa de suco de limão

240 ml/8 fl oz de água

1 colher de sopa de fermento em pó

1 colher de chá de sementes de mostarda

2 pimentões verdes, cortados longitudinalmente

Algumas folhas de curry

1 colher de sopa de água

2 colheres de sopa de folhas de coentro, picadas finamente

1 colher de sopa de coco fresco ralado

Método

- Misture besan, sal, açúcar, 1 colher de sopa de óleo, suco de limão e água para fazer uma pasta lisa.
- Unte com manteiga uma forma redonda de 20 cm de diâmetro.
- Adicione o fermento à massa. Misture bem e despeje imediatamente na forma untada com manteiga. Cozinhe no vapor por 20 minutos.
- Fure com um garfo para verificar se está pronto. Se o garfo não sair limpo, cozinhe novamente no vapor por 5 a 10 minutos. Deixe de lado.
- Aqueça o óleo restante em uma panela. Adicione as sementes de mostarda. Deixe-os cuspir por 15 segundos.
- Adicione pimentões verdes, folhas de curry e água. Cozinhe em fogo baixo por 2 minutos.
- Despeje esta mistura sobre o dhokla e deixe absorver o líquido.
- Decore com folhas de coentro e coco ralado.
- Corte em quadradinhos e sirva com chutney de hortelã

Dhal Maharani

(Lentilhas pretas e feijão vermelho)

Para 4 pessoas

Ingredientes

150g/5½ onças de urad dhal*

2 colheres de sopa de feijão vermelho

1,4 litros/2½ litros de água

Sal a gosto

1 colher de sopa de óleo vegetal refinado

½ colher de chá de sementes de cominho

1 cebola grande, finamente picada

3 tomates médios picados

1 colher de chá de pasta de gengibre

½ colher de chá de pasta de alho

½ colher de chá de pimenta em pó

½ colher de chá de garam masala

120 ml de creme líquido fresco

Método

- Mergulhe o urad dhal e o feijão durante a noite. Escorra e cozinhe em uma panela com água e sal por 1 hora em fogo médio. Deixe de lado.
- Aqueça o óleo em uma panela. Adicione as sementes de cominho. Deixe-os cuspir por 15 segundos.
- Adicione a cebola e frite em fogo médio até dourar.
- Adicione os tomates. Misture bem. Adicione a pasta de gengibre e a pasta de alho. Frite por 5 minutos.
- Adicione o dhal e a mistura de feijão cozido, pimenta em pó e garam masala. Misture bem.
- Adicione o creme. Deixe ferver por 5 minutos, mexendo sempre.
- Sirva quente com arroz naan ou cozido no vapor

Milagu Kuzhambu

(Dividir grama vermelha em molho de pimenta)

Para 4 pessoas

Ingredientes

2 colheres de chá de ghee

2 colheres de chá de sementes de coentro

1 colher de sopa de pasta de tamarindo

1 colher de chá de pimenta preta moída

¼ colher de chá de assa-fétida

Sal a gosto

1 colher de sopa de toor dhal*, cozinhou

1 litro/1¾ litro de água

colher de chá de sementes de mostarda

1 pimenta verde picada

colher de chá: Açafrão

10 folhas de curry

Método

- Aqueça algumas gotas de ghee em uma panela. Adicione as sementes de coentro e refogue em fogo médio por 2 minutos. Esfrie e moa.
- Combine com pasta de tamarindo, pimenta, assa-fétida, sal e dhal em uma panela grande.
- Adicione a água. Misture bem e leve para ferver em fogo médio. Deixe de lado.
- Aqueça o restante do ghee em uma panela. Adicione sementes de mostarda, pimenta verde, açafrão e folhas de curry. Deixe-os cuspir por 15 segundos.
- Adicione isso ao dhal. Servir quente.

Dhal Hariyali

(Legumes folhosos com grama de bengala dividida)

Para 4 pessoas

Ingredientes

300g/10 onças de toor dhal*

1,4 litros/2½ litros de água

Sal a gosto

2 colheres de sopa de ghee

1 colher de chá de sementes de cominho

1 cebola picada

½ colher de chá de pasta de gengibre

½ colher de chá de pasta de alho

½ colher de chá de açafrão

50g/1oz de espinafre picado

10g/¼oz de folhas de feno-grego, picadas finamente

25g / algumas folhas de coentro 1 onça

Método

- Cozinhe o dhal com água e sal em uma panela por 45 minutos, mexendo sempre. Deixe de lado.
- Aqueça o ghee em uma panela. Adicione sementes de cominho, cebola, pasta de gengibre, pasta de alho e açafrão. Cozinhe por 2 minutos em fogo baixo, mexendo sempre.
- Adicione o espinafre, as folhas de feno-grego e as folhas de coentro. Misture bem e cozinhe por 5-7 minutos.
- Sirva quente com arroz vaporizado

Dhalcha

(Dividir Bengal Gram com Cordeiro)

Para 4 pessoas

Ingredientes

150g/5½ onças de chana dhal*

150g/5½ onças de toor dhal*

2,8 litros/5 litros de água

Sal a gosto

2 colheres de sopa de pasta de tamarindo

2 colheres de sopa de óleo vegetal refinado

4 cebolas grandes picadas

5 cm/2 de raiz de gengibre ralada

10 dentes de alho amassados

750g / 1lb 10 onças de cordeiro picado

1,4 litros/2½ litros de água

3-4 tomates picados

1 colher de chá de pimenta em pó

1 colher de chá de açafrão

1 colher de chá de garam masala

20 folhas de curry

25 g/algumas folhas de coentro, picadas finamente

Método

- Cozinhe os dhals com água e sal por 1 hora em fogo médio. Adicione a pasta de tamarindo e amasse bem. Deixe de lado.
- Aqueça o óleo em uma panela. Adicione a cebola, o gengibre e o alho. Frite em fogo médio até dourar. Adicione o cordeiro e mexa sempre até dourar.
- Adicione água e cozinhe até que o cordeiro esteja macio.
- Adicione o tomate, a pimenta em pó, a cúrcuma e o sal. Misture bem. Cozinhe por mais 7 minutos.
- Adicione o dhal, o garam masala e as folhas de curry. Misture bem. Deixe ferver por 4-5 minutos.
- Decore com folhas de coentro. Servir quente.

Tarkari Dhalcha

(Bengal Gram Split com Legumes)

Para 4 pessoas

Ingredientes

150g/5½ onças de chana dhal*

150g/5½ onças de toor dhal*

Sal a gosto

3 litros/5¼ litros de água

10g/¼oz de folhas de hortelã

10g/¼oz de folhas de coentro

2 colheres de sopa de óleo vegetal refinado

½ colher de chá de sementes de mostarda

½ colher de chá de sementes de cominho

Pitada de sementes de feno-grego

Pitada de sementes de kalonji*

2 pimentões vermelhos secos

10 folhas de curry

½ colher de chá de pasta de gengibre

½ colher de chá de pasta de alho

½ colher de chá de açafrão

1 colher de chá de pimenta em pó

1 colher de chá de pasta de tamarindo

500g / 1lb 2 onças de abóbora, cortada em cubos finos

Método

- Cozinhe os dois dhals com o sal, 2,5 litros de água e metade da hortelã e dos coentros numa caçarola em lume médio durante 1 hora. Moa até formar uma pasta grossa. Deixe de lado.
- Aqueça o óleo em uma panela. Adicione sementes de mostarda, cominho, feno-grego e kalonji. Deixe-os cuspir por 15 segundos.
- Adicione pimenta vermelha e folhas de curry. Doure em fogo médio por 15 segundos.
- Adicione pasta dhal, pasta de gengibre, pasta de alho, açafrão, pimenta em pó e pasta de tamarindo. Misture bem. Cozinhe em fogo médio, mexendo sempre, por 10 minutos.
- Adicione o restante da água e a abóbora. Deixe ferver até que a abóbora esteja cozida.
- Adicione o restante das folhas de hortelã e coentro. Cozinhe por 3-4 minutos.
- Servir quente.

Dhokar Dhalna

(Cubos de dhal fritos com curry)

Para 4 pessoas

Ingredientes

600g/1lb 5 onças de chana dhal*, encharcado a noite toda

120 ml de água

Sal a gosto

4 colheres de sopa de óleo vegetal refinado e um pouco mais para fritar

3 pimentões verdes picados

½ colher de chá de assa-fétida

2 cebolas grandes, finamente picadas

1 folha de louro

1 colher de chá de pasta de gengibre

1 colher de chá de pasta de alho

1 colher de chá de pimenta em pó

colher de chá: Açafrão

1 colher de chá de garam masala

1 colher de sopa de folhas de coentro, picadas finamente

Método

- Moa o dhal com água e um pouco de sal até formar uma pasta grossa. Deixe de lado.
- Aqueça 1 colher de sopa de óleo em uma panela. Adicione pimenta verde e assa-fétida. Deixe-os cuspir por 15 segundos. Junte a pasta dhal e um pouco mais de sal. Misture bem.
- Espalhe esta mistura em um prato para esfriar. Corte em pedaços de 2,5 cm/1 pol.
- Aqueça o óleo para fritar em uma panela. Frite os pedaços até dourar. Deixe de lado.
- Aqueça 2 colheres de sopa de óleo em uma panela. Refogue as cebolas até dourar. Triture-os até formar uma pasta e reserve.
- Aqueça 1 colher de sopa de óleo restante em uma panela. Adicione a folha de louro, os pedaços de dhal frito, a pasta de cebola frita, a pasta de gengibre, a pasta de alho, a pimenta em pó, a cúrcuma e o garam masala. Adicione água suficiente para cobrir os pedaços de dhal. Misture bem e cozinhe por 7 a 8 minutos.
- Decore com folhas de coentro. Servir quente.

Lagarto monitor

(Simples Split Red Gram Dhal)

Para 4 pessoas

Ingredientes

300g/10 onças de toor dhal*

2,4 litros/4 litros de água

¼ colher de chá de assa-fétida

½ colher de chá de açafrão

Sal a gosto

Método

- Cozinhe todos os ingredientes em uma panela por cerca de 1 hora em fogo médio.
- Sirva quente com arroz vaporizado

Doce Dhal

(grama vermelha doce dividida)

Para 4-6 pessoas

Ingredientes

300g/10 onças de toor dhal*

2,5 litros/4 litros de água

Sal a gosto

colher de chá: Açafrão

Uma grande pitada de assa-fétida

½ colher de chá de pimenta em pó

Pedaço de açúcar mascavo de 5 cm/2 polegadas*

2 colheres de chá de óleo vegetal refinado

colher de chá de sementes de cominho

colher de chá de sementes de mostarda

2 pimentões vermelhos secos

1 colher de sopa de folhas de coentro, picadas finamente

Método

- Lave e cozinhe o toor dhal com água e sal em uma panela em fogo baixo por 1 hora.
- Adicione açafrão, assa-fétida, pimenta em pó e açúcar mascavo. Cozinhe por 5 minutos. Misture bem. Deixe de lado.
- Em uma panela pequena, aqueça o azeite. Adicione sementes de cominho, sementes de mostarda e pimenta vermelha seca. Deixe-os cuspir por 15 segundos.
- Despeje isso no dhal e misture bem.
- Decore com folhas de coentro. Servir quente.

Dhal doce e azedo

(grama vermelho dividido doce e azedo)

Para 4-6 pessoas

Ingredientes

300g/10 onças de toor dhal*

2,4 litros/4 litros de água

Sal a gosto

colher de chá: Açafrão

¼ colher de chá de assa-fétida

1 colher de chá de pasta de tamarindo

1 colher de chá de açúcar

2 colheres de chá de óleo vegetal refinado

½ colher de chá de sementes de mostarda

2 pimentas verdes

8 folhas de curry

1 colher de sopa de folhas de coentro, picadas finamente

Método

- Cozinhe o toor dhal em uma panela com água e sal em fogo médio por 1 hora.
- Adicione açafrão, assa-fétida, pasta de tamarindo e açúcar. Cozinhe por 5 minutos. Deixe de lado.
- Em uma panela pequena, aqueça o azeite. Adicione sementes de mostarda, pimenta verde e folhas de curry. Deixe-os cuspir por 15 segundos.
- Despeje este tempero no dhal.
- Decore com folhas de coentro.
- Sirva quente com arroz cozido no vapor ou chapattis

Mung-ni-Dhal

(Divida o grama verde)

Para 4 pessoas

Ingredientes

300g/10 onças de mung dhal*

1,9 litros/3½ litros de água

Sal a gosto

colher de chá: Açafrão

½ colher de chá de pasta de gengibre

1 pimenta verde, picada finamente

colher de chá de açúcar

1 colher de sopa de ghee

½ colher de chá de sementes de gergelim

1 cebola pequena picada

1 dente de alho picado

Método

- Ferva o mung dhal com água e sal em uma panela em fogo médio por 30 minutos.
- Adicione açafrão, pasta de gengibre, pimenta verde e açúcar. Misture bem.
- Adicione 120 ml de água se o dhal estiver seco. Deixe ferver por 2-3 minutos e reserve.
- Aqueça o ghee em uma panela pequena. Adicione as sementes de gergelim, a cebola e o alho. Frite por 1 minuto, mexendo continuamente.
- Adicione isso ao dhal. Servir quente.

Dhal com cebola e coco

(Gramme vermelho cortado com cebola e coco)

Para 4-6 pessoas

Ingredientes

300g/10 onças de toor dhal*

2,8 litros/5 litros de água

2 pimentões verdes picados

1 cebola pequena picada

Sal a gosto

colher de chá: Açafrão

1½ colher de chá de óleo vegetal

½ colher de chá de sementes de mostarda

1 colher de sopa de folhas de coentro, picadas finamente

50 g de coco fresco ralado

Método

- Ferva o toor dhal com água, pimenta verde, cebola, sal e açafrão em uma panela em fogo médio por 1 hora. Deixe de lado.
- Aqueça o óleo em uma panela. Adicione as sementes de mostarda. Deixe-os cuspir por 15 segundos.
- Despeje isso no dhal e misture bem.
- Decore com folhas de coentro e coco. Servir quente.

Dahi Kadhi

(Curry feito com iogurte)

Para 4 pessoas

Ingredientes

1 colher de sopa de besan*

Iogurte 250g/9oz

750 ml/1¼ litro de água

2 colheres de chá de açúcar

Sal a gosto

½ colher de chá de pasta de gengibre

1 colher de sopa de óleo vegetal refinado

colher de chá de sementes de mostarda

colher de chá de sementes de cominho

colher de chá de sementes de feno-grego

8 folhas de curry

10g/¼oz de folhas de coentro, picadas finamente

Método

- Misture o besan com o iogurte, a água, o açúcar, o sal e a pasta de gengibre em uma panela grande. Misture bem para evitar a formação de grumos.
- Cozinhe a mistura em fogo médio até começar a engrossar, mexendo sempre. Leve para ferver. Deixe de lado.
- Aqueça o óleo em uma panela. Adicione sementes de mostarda, sementes de cominho, sementes de feno-grego e folhas de curry. Deixe-os cuspir por 15 segundos.
- Despeje este óleo sobre a mistura de besan.
- Decore com folhas de coentro. Servir quente.

Dhal de espinafre

(espinafre com grama verde dividida)

Para 4 pessoas

Ingredientes

300g/10 onças de mung dhal*

1,9 litros/3½ litros de água

Sal a gosto

1 cebola grande picada

6 dentes de alho picados

colher de chá: Açafrão

100g/3½ onças de espinafre picado

½ colher de chá de amchoor*

Pitada de garam masala

½ colher de chá de pasta de gengibre

1 colher de sopa de óleo vegetal refinado

1 colher de chá de sementes de cominho

2 colheres de sopa de folhas de coentro, picadas finamente

Método

- Cozinhe o dhal com água e sal em uma panela em fogo médio por 30-40 minutos.
- Adicione a cebola e o alho. Cozinhe por 7 minutos.
- Adicione açafrão, espinafre, amchoor, garam masala e pasta de gengibre. Misture bem.
- Cozinhe até que o dhal esteja macio e todos os temperos tenham sido absorvidos. Deixe de lado.
- Aqueça o óleo em uma panela. Adicione as sementes de cominho. Deixe-os cuspir por 15 segundos.
- Despeje sobre o dhal.
- Decore com folhas de coentro. Servir quente

Tawker Dhal

(Lentilhas vermelhas azedas com manga verde)

Para 4 pessoas

Ingredientes

300g/10 onças de toor dhal*

2,4 litros/4 litros de água

1 manga verde, sem caroço e cortada em quartos

½ colher de chá de açafrão

4 pimentas verdes

Sal a gosto

2 colheres de chá de óleo de mostarda

½ colher de chá de sementes de mostarda

1 colher de sopa de folhas de coentro, picadas finamente

Método

- Ferva o dhal com água, pedaços de manga, açafrão, pimenta verde e sal por uma hora. Deixe de lado.
- Aqueça o azeite em uma panela e acrescente as sementes de mostarda. Deixe-os cuspir por 15 segundos.
- Adicione isso ao dhal. Deixe ferver até engrossar.
- Decore com folhas de coentro. Sirva quente com arroz vaporizado

Dhal Básico

(Dividir Gram Vermelho com Tomate)

Para 4 pessoas

Ingredientes

300g/10 onças de toor dhal*

1,2 litros/2 litros de água

Sal a gosto

colher de chá: Açafrão

½ colher de sopa de óleo vegetal refinado

colher de chá de sementes de cominho

2 pimentões verdes, cortados longitudinalmente

1 tomate de tamanho médio, picado finamente

1 colher de sopa de folhas de coentro, picadas finamente

Método

- Cozinhe o toor dhal com água e sal em uma panela por 1 hora em fogo médio.
- Adicione a cúrcuma e misture bem.
- Se o dhal estiver muito grosso, adicione 120 ml de água. Misture bem e reserve.
- Aqueça o óleo em uma panela. Adicione as sementes de cominho e deixe salpicar por 15 segundos. Adicione pimentões verdes e tomate. Frite por 2 minutos.
- Adicione isso ao dhal. Misture e cozinhe por 3 minutos.
- Decore com folhas de coentro. Sirva quente com arroz vaporizado

Maa-ki-Dhal

(grama preto rico)

Para 4 pessoas

Ingredientes

240g de kaali dhal*

125g/4½ onças de feijão vermelho

2,8 litros/5 litros de água

Sal a gosto

3,5 cm/1½ em raiz de gengibre, juliana

1 colher de chá de pimenta em pó

3 tomates em purê

1 colher de sopa de manteiga

2 colheres de chá de óleo vegetal refinado

1 colher de chá de sementes de cominho

2 colheres de sopa de creme líquido

Método

- Mergulhe o dhal e o feijão durante a noite.
- Cozinhe com água, sal e gengibre em uma panela por 40 minutos em fogo médio.
- Adicione a pimenta em pó, o purê de tomate e a manteiga. Deixe ferver por 8 a 10 minutos. Deixe de lado.
- Aqueça o óleo em uma panela. Adicione as sementes de cominho. Deixe-os cuspir por 15 segundos.
- Adicione isso ao dhal. Misture bem.
- Adicione o creme. Sirva quente com arroz vaporizado

Dhansak

(Gram Vermelho Picante Parsi Split)

Para 4 pessoas

Ingredientes

3 colheres de sopa de óleo vegetal refinado

1 cebola grande, finamente picada

2 tomates grandes picados

½ colher de chá de açafrão

½ colher de chá de pimenta em pó

1 colher de sopa de dhansak masala*

1 colher de sopa de vinagre de malte

Sal a gosto

Para a mistura dhal:

150g/5½ onças de toor dhal*

75g/2½ onças de mung dhal*

75g/2½ onças de masoor dhal*

1 berinjela pequena cortada em quartos

Pedaço de abóbora de 7,5 cm/3 pol., cortado em quartos

1 colher de sopa de folhas frescas de feno-grego

1,4 litros/2½ litros de água

Sal a gosto

Método

- Cozinhe os ingredientes da mistura dhal em uma panela em fogo médio por 45 minutos. Deixe de lado.
- Aqueça o óleo em uma panela. Refogue as cebolas e os tomates em fogo médio por 2-3 minutos.
- Adicione a mistura de dhal e todos os ingredientes restantes. Misture bem e cozinhe em fogo médio por 5-7 minutos. Servir quente.

Masoor Dhal

Para 4 pessoas

Ingredientes

300g/10 onças de masoor dhal*

Sal a gosto

Pitada de açafrão

1,2 litros/2 litros de água

2 colheres de sopa de óleo vegetal refinado

6 dentes de alho esmagados

1 colher de chá de suco de limão

Método

- Cozinhe o dhal, o sal, a cúrcuma e a água em uma panela em fogo médio por 45 minutos. Deixe de lado.
- Aqueça o azeite em uma panela e frite o alho até dourar. Adicione ao dhal e polvilhe com suco de limão. Misture bem. Servir quente.

Panchemel Dhal

(mistura de cinco lentilhas)

Para 4 pessoas

Ingredientes

75g/2½ onças de mung dhal*

1 colher de sopa de chana dhal*

1 colher de sopa de masoor dhal*

1 colher de sopa de toor dhal*

1 colher de sopa de urad dhal*

750 ml/1¼ litro de água

½ colher de chá de açafrão

Sal a gosto

1 colher de sopa de ghee

1 colher de chá de sementes de cominho

Pitada de assa-fétida

½ colher de chá de garam masala

1 colher de chá de pasta de gengibre

Método

- Cozinhe os dhals com água, açafrão e sal em uma panela por 1 hora em fogo médio. Misture bem. Deixe de lado.
- Aqueça o ghee em uma panela. Frite os ingredientes restantes por 1 minuto.
- Adicione ao dhal, misture bem e cozinhe por 3-4 minutos. Servir quente.

Cholar Dhal

(Gram de Bengala dividido)

Para 4 pessoas

Ingredientes

600g/1lb 5 onças de chana dhal*

2,4 litros/5 litros de água

Sal a gosto

3 colheres de sopa de ghee

½ colher de chá de sementes de cominho

½ colher de chá de açafrão

2 colheres de chá de açúcar

3 dentes

2 folhas de louro

2,5 cm/1 em canela

2 vagens de cardamomo verde

15 g/½ onça de coco picado e frito

Método

- Cozinhe o dhal com água e sal em uma panela em fogo médio por 1 hora. Deixe de lado.
- Aqueça 2 colheres de sopa de ghee em uma panela. Adicione todos os ingredientes, exceto o coco. Deixe-os cuspir por 20 segundos. Adicione o dhal cozido e cozinhe, mexendo bem, por 5 minutos. Adicione o coco e 1 colher de sopa de ghee. Servir quente.

Dilpasand Dhal

(Especial Lentilhas)

Para 4 pessoas

Ingredientes

60g/2oz de feijão urad*

2 colheres de sopa de feijão vermelho

2 colheres de sopa de grão de bico

2 litros/3½ litros de água

colher de chá: Açafrão

2 colheres de sopa de ghee

2 tomates escaldados e purê

2 colheres de chá de cominho moído, torrado a seco

125g/4½ onças de iogurte batido

120ml de creme líquido

Sal a gosto

Método

- Misture o feijão, o grão de bico e a água. Mergulhe em uma panela por 4 horas. Adicione a cúrcuma e cozinhe por 45 minutos em fogo médio. Deixe de lado.
- Aqueça o ghee em uma panela. Adicione todos os ingredientes restantes e cozinhe em fogo médio até que o ghee se separe.
- Adicione a mistura de feijão e grão de bico. Cozinhe até secar. Servir quente.

Dhal Masoor

(Slot de lentilha vermelha)

Para 4 pessoas

Ingredientes

1 colher de sopa de ghee

1 colher de chá de sementes de cominho

1 cebola pequena, finamente picada

2,5 cm de raiz de gengibre, picada finamente

6 dentes de alho picados finamente

4 pimentões verdes, cortados longitudinalmente

1 tomate pelado e purê

½ colher de chá de açafrão

300g/10 onças de masoor dhal*

1,5 litros/2¾ litros de água

Sal a gosto

2 colheres de sopa de folhas de coentro

Método

- Aqueça o ghee em uma panela. Adicione as sementes de cominho, cebola, gengibre, alho, pimenta, tomate e açafrão. Doure por 5 minutos, mexendo sempre.
- Adicione o dhal, a água e o sal. Deixe ferver por 45 minutos. Decore com folhas de coentro. Sirva quente com arroz vaporizado

Dhal de berinjela

(Lentilhas com Berinjela)

Para 4 pessoas

Ingredientes

300g/10 onças de toor dhal*

1,5 litros/2¾ litros de água

Sal a gosto

1 colher de sopa de óleo vegetal refinado

50 g de berinjela em cubos

2,5 cm/1 em canela

2 vagens de cardamomo verde

2 dentes

1 cebola grande, finamente picada

2 tomates grandes, picados finamente

½ colher de chá de pasta de gengibre

½ colher de chá de pasta de alho

1 colher de chá de coentro moído

½ colher de chá de açafrão

10 g/¼oz de folhas de coentro, para enfeitar

Método

- Ferva o dhal com água e sal em uma panela por 45 minutos em fogo médio. Deixe de lado.
- Aqueça o óleo em uma panela. Adicione todos os ingredientes restantes, exceto as folhas de coentro. Frite por 2-3 minutos, mexendo sempre.
- Adicione a mistura de dhal. Deixe ferver por 5 minutos. Decore e sirva.

Dhal Tadka Amarelo

Para 4 pessoas

Ingredientes

300g/10 onças de mung dhal*

1 litro/1¾ litro de água

colher de chá: Açafrão

Sal a gosto

3 colheres de chá de ghee

½ colher de chá de sementes de mostarda

½ colher de chá de sementes de cominho

½ colher de chá de sementes de feno-grego

2,5 cm de raiz de gengibre, picada finamente

4 dentes de alho picados finamente

3 pimentões verdes, cortados longitudinalmente

8 folhas de curry

Método

- Cozinhe o dhal com água, açafrão e sal em uma panela por 45 minutos em fogo médio. Deixe de lado.
- Aqueça o ghee em uma panela. Adicione todos os ingredientes restantes. Frite por 1 minuto e regue com o dhal. Misture bem e sirva quente.

Rasam

(sopa picante de tamarindo)

Para 4 pessoas

Ingredientes

2 colheres de sopa de pasta de tamarindo

750 ml/1¼ litro de água

8 a 10 folhas de curry

2 colheres de sopa de folhas de coentro picadas

Pitada de assa-fétida

Sal a gosto

2 colheres de chá de ghee

½ colher de chá de sementes de mostarda

Para a mistura de especiarias:

2 colheres de chá de sementes de coentro

2 colheres de sopa de toor dhal*

1 colher de chá de sementes de cominho

4-5 grãos de pimenta

1 pimenta vermelha seca

Método

- Asse a seco e triture os ingredientes da mistura de especiarias.
- Misture a mistura de especiarias com todos os ingredientes, exceto o ghee e as sementes de mostarda. Cozinhe por 7 minutos em fogo médio em uma panela.
- Aqueça o ghee em outra panela. Adicione as sementes de mostarda e deixe salpicar por 15 segundos. Despeje isso diretamente no rasam. Servir quente.

Mung Dhal Simples

Para 4 pessoas

Ingredientes

300g/10 onças de mung dhal*

1 litro/1¾ litro de água

Pitada de açafrão

Sal a gosto

2 colheres de sopa de óleo vegetal refinado

1 cebola grande, finamente picada

3 pimentões verdes, finamente picados

2,5 cm de raiz de gengibre, picada finamente

5 folhas de curry

2 tomates picados finamente

Método

- Cozinhe o dhal com água, açafrão e sal em uma panela por 30 minutos em fogo médio. Deixe de lado.
- Aqueça o óleo em uma panela. Adicione todos os ingredientes restantes. Frite por 3-4 minutos. Adicione isso ao dhal. Deixe ferver até engrossar. Servir quente.

Mung verde inteiro

Para 4 pessoas

Ingredientes

250g de feijão mungo, embebido durante a noite

1 litro/1¾ litro de água

½ colher de sopa de óleo vegetal refinado

½ colher de chá de sementes de cominho

6 folhas de curry

1 cebola grande, finamente picada

½ colher de chá de pasta de alho

½ colher de chá de pasta de gengibre

3 pimentões verdes, finamente picados

1 tomate picado

colher de chá: Açafrão

Sal a gosto

120 ml de leite

Método

- Cozinhe o feijão com a água em uma panela por 45 minutos em fogo médio. Deixe de lado.
- Aqueça o óleo em uma panela. Adicione sementes de cominho e folhas de curry.
- Após 15 segundos, adicione o feijão cozido e todos os ingredientes restantes. Misture bem e cozinhe por 7 a 8 minutos. Servir quente.

Dahi Kadhi com Pakoras

(Caril à base de iogurte com bolinhas fritas)

Para 4 pessoas

Ingredientes
Para o pakora:

125g/4½ onças de besan*

colher de chá de sementes de cominho

2 colheres de chá de cebola picada

1 pimentão verde picado

½ colher de chá de gengibre ralado

Pitada de açafrão

2 pimentões verdes, finamente picados

½ colher de chá de sementes de ajwain

Sal a gosto

Óleo para fritar

Para o kadhi:

Dahi Kadhi

Método

- Em uma tigela, misture todos os ingredientes do pakora, exceto o óleo, com água suficiente para formar uma pasta grossa. Frite às colheradas em óleo quente até dourar.
- Cozinhe o kadhi e adicione os pakoras. Deixe ferver por 3-4 minutos.
- Sirva quente com arroz vaporizado

Dhal doce com manga verde

(Dividir grama vermelha com manga verde)

Para 4 pessoas

Ingredientes

300g/10 onças de toor dhal*

2 pimentões verdes, cortados longitudinalmente

2 colheres de chá de açúcar mascavo*, Grato

1 cebola pequena, fatiada

Sal a gosto

colher de chá: Açafrão

1,5 litros/2¾ litros de água

1 manga verde, descascada e picada

1½ colher de chá de óleo vegetal refinado

½ colher de chá de sementes de mostarda

1 colher de sopa de folhas de coentro, para enfeitar

Método

- Misture todos os ingredientes, exceto o óleo, as sementes de mostarda e as folhas de coentro, em uma panela. Cozinhe por 30 minutos em fogo médio. Deixe de lado.
- Aqueça o óleo em uma panela. Adicione as sementes de mostarda. Deixe-os cuspir por 15 segundos. Despeje sobre o dhal. Decore e sirva quente.

Malai Dhal

(Dividir Black Gram com creme)

Para 4 pessoas

Ingredientes

300g/10 onças de urad dhal*, embebido por 4 horas

1 litro/1¾ litro de água

500 ml/16 fl oz de leite fervido

1 colher de chá de açafrão

Sal a gosto

½ colher de chá de amchoor*

2 colheres de sopa de creme líquido

1 colher de sopa de ghee

1 colher de chá de sementes de cominho

2,5 cm de raiz de gengibre, picada finamente

1 tomate pequeno, picado finamente

1 cebola pequena, finamente picada

Método

- Cozinhe o dhal com água em fogo médio por 45 minutos.
- Adicione o leite, açafrão, sal, amchoor e creme. Misture bem e cozinhe por 3-4 minutos. Deixe de lado.
- Aqueça o ghee em uma panela. Adicione as sementes de cominho, o gengibre, o tomate e a cebola. Frite por 3 minutos. Adicione isso ao dhal. Misture bem e sirva quente.

Sambhar

(Mistura de Lentilhas e Legumes cozinhados com especiarias especiais)

Para 4 pessoas

Ingredientes

300g/10 onças de toor dhal*

1,5 litros/2¾ litros de água

Sal a gosto

1 colher de sopa de óleo vegetal refinado

1 cebola grande em fatias finas

2 colheres de chá de pasta de tamarindo

colher de chá: Açafrão

1 pimenta verde, picada grosseiramente

1½ colher de chá de sambhar em pó*

2 colheres de sopa de folhas de coentro, picadas finamente

Para temperar:

1 pimenta verde, dividida longitudinalmente

1 colher de chá de sementes de mostarda

½ colher de chá de urad dhal*

8 folhas de curry

¼ colher de chá de assa-fétida

Método

- Misture todos os ingredientes do tempero. Deixe de lado.
- Cozinhe o toor dhal com água e sal em uma panela em fogo médio por 40 minutos. Esmague bem. Deixe de lado.
- Aqueça o óleo em uma panela. Adicione os ingredientes do tempero. Deixe-os cuspir por 20 segundos.
- Adicione o dhal cozido e todos os ingredientes restantes, exceto as folhas de coentro. Cozinhe em fogo baixo por 8 a 10 minutos.
- Decore com folhas de coentro. Servir quente.

Três dhals

(Lentilhas Mistas)

Para 4 pessoas

Ingredientes

150g/5½ onças de toor dhal*

75g/2½ onças de masoor dhal*

75g/2½ onças de mung dhal*

1 litro/1¾ litro de água

1 tomate grande, picado finamente

1 cebola pequena, finamente picada

4 dentes de alho picados finamente

6 folhas de curry

Sal a gosto

colher de chá: Açafrão

2 colheres de sopa de óleo vegetal refinado

½ colher de chá de sementes de cominho

Método

- Mergulhe os dhals em água por 30 minutos. Cozinhe com o restante dos ingredientes, exceto o azeite e o cominho, por 45 minutos em fogo médio.
- Aqueça o óleo em uma panela. Adicione as sementes de cominho. Deixe-os cuspir por 15 segundos. Despeje sobre o dhal. Misture bem. Servir quente.

Methi-Baqueta Sambhar

(Feno-grego e coxinhas com grama vermelha dividida)

Para 4 pessoas

Ingredientes

300g/10 onças de toor dhal*

1 litro/1¾ litro de água

Pitada de açafrão

Sal a gosto

2 coxinhas indianas*, picado

1 colher de chá de óleo vegetal refinado

colher de chá de sementes de mostarda

1 pimentão vermelho cortado ao meio

¼ colher de chá de assa-fétida

10g/¼oz de folhas frescas de feno-grego, picadas

1¼ colher de chá de sambhar em pó*

1¼ colher de chá de pasta de tamarindo

Método

- Combine dhal, água, açafrão, sal e coxinhas em uma panela. Cozinhe por 45 minutos em fogo médio. Deixe de lado.
- Aqueça o óleo em uma frigideira. Adicione todos os ingredientes restantes e refogue por 2-3 minutos. Adicione isso ao dhal e cozinhe por 7-8 minutos. Servir quente.

Dhal Shorba

(Sopa de lentilha)

Para 4 pessoas

Ingredientes

300g/10 onças de toor dhal*

Sal a gosto

1 litro/1¾ litro de água

1 colher de sopa de óleo vegetal refinado

2 cebolas grandes, fatiadas

4 dentes de alho esmagados

50 g de folhas de espinafre picadas finamente

3 tomates picados finamente

1 colher de chá de suco de limão

1 colher de chá de garam masala

Método

- Cozinhe o dhal, o sal e a água em uma panela em fogo médio por 45 minutos. Deixe de lado.
- Aqueça o óleo. Refogue a cebola em fogo médio até dourar. Adicione todos os ingredientes restantes e cozinhe por 5 minutos, mexendo sempre.
- Adicione isso à mistura de dhal. Servir quente.

Mungo delicioso

(Mung inteiro)

Para 4 pessoas

Ingredientes

250g/9 onças de feijão mungo

2,5 litros/4 litros de água

Sal a gosto

2 cebolas médias picadas

3 pimentões verdes picados

colher de chá: Açafrão

1 colher de chá de pimenta em pó

1 colher de chá de suco de limão

1 colher de sopa de óleo vegetal refinado

½ colher de chá de sementes de cominho

6 dentes de alho esmagados

Método

- Mergulhe o feijão mungo em água por 3-4 horas. Cozinhe em uma panela com sal, cebola, pimenta verde, açafrão e pimenta em pó em fogo médio por 1 hora.
- Adicione o suco de limão. Deixe ferver por 10 minutos. Deixe de lado.

•Aqueça o óleo em uma panela. Adicione as sementes de cominho e o alho. Doure por 1 minuto em fogo médio. Despeje isso na mistura de mung. Servir quente.

Masala Toor Dhal

(grama vermelho dividido picante)

Para 4 pessoas

Ingredientes

300g/10 onças de toor dhal*

1,5 litros/2¾ litros de água

Sal a gosto

½ colher de chá de açafrão

1 colher de sopa de óleo vegetal refinado

½ colher de chá de sementes de mostarda

8 folhas de curry

¼ colher de chá de assa-fétida

½ colher de chá de pasta de gengibre

½ colher de chá de pasta de alho

1 pimenta verde, picada finamente

1 cebola picada

1 tomate picado

2 colheres de chá de suco de limão

2 colheres de sopa de folhas de coentro, para enfeitar

Método

- Cozinhe o dhal com água, sal e açafrão em uma panela por 45 minutos em fogo médio. Deixe de lado.
- Aqueça o óleo em uma panela. Adicione todos os ingredientes, exceto o suco de limão e as folhas de coentro. Doure por 3-4 minutos em fogo médio. Despeje sobre o dhal.
- Adicione o suco de limão e as folhas de coentro. Misture bem. Servir quente.

Mung Dhal Amarelo Seco

(grama amarelo seco)

Para 4 pessoas

Ingredientes

300g/10 onças de mung dhal*, embebido por 1 hora

250 ml/8 fl oz de água

colher de chá: Açafrão

Sal a gosto

1 colher de sopa de ghee

1 colher de chá de amchoor*

1 colher de sopa de folhas de coentro picadas

1 cebola pequena, finamente picada

Método

- Cozinhe o dhal com água, açafrão e sal em uma panela por 45 minutos em fogo médio.
- Aqueça o ghee e despeje sobre o dhal. Polvilhe por cima o amchoor, as folhas de coentros e a cebola. Servir quente.

Mung Dhal apimentado

Para 4 pessoas

Ingredientes

225g/8 onças de mung dhal*

Sal a gosto

2 pimentões verdes, finamente picados

Pitada de açafrão

1,25 litros/2½ litros de água

1 colher de chá de suco de limão

½ colher de chá de pimenta preta moída

Método

- Combine dhal, sal, pimenta verde, açafrão e água em uma panela. Cozinhe em fogo médio por 45 minutos.

- Adicione o suco de limão e a pimenta. Misture bem. Servir quente.

Dhal Bukhara

(grama preto inteiro cremoso)

Para 4-6 pessoas

Ingredientes

600g/1 lb 5 onças urad dhal*, encharcado a noite toda

2 colheres de sopa de feijão vermelho, demolhado durante a noite

2 litros/3½ litros de água

Sal a gosto

3 colheres de sopa de manteiga

1 colher de chá de sementes de cominho

1 cebola grande, finamente picada

2,5 cm de raiz de gengibre, picada finamente

2 dentes de alho picados finamente

1 colher de chá de pimenta em pó

1 colher de sopa de coentro moído

4 tomates escaldados e picados

½ colher de chá de garam masala

2 colheres de sopa de crème fraîche fresco

2 colheres de sopa de iogurte

3 colheres de sopa de ghee

2,5 cm de raiz de gengibre, cortada em juliana

2 pimentões verdes, cortados longitudinalmente

1 colher de sopa de folhas de coentro, picadas finamente

Método

- Não escorra o dhal e o feijão vermelho. Misture com a água e o sal em uma panela. Cozinhe por uma hora em fogo médio. Esmague delicadamente e reserve.

- Em uma frigideira pequena, derreta a manteiga. Adicione as sementes de cominho. Deixe-os cuspir por 15 segundos.

- Adicione a cebola, o gengibre, o alho, a pimenta em pó, o coentro e o tomate. Cozinhe em fogo baixo por 7 a 8 minutos, mexendo ocasionalmente.

- Adicione o garam masala, o creme, o iogurte e o ghee. Misture bem. Cozinhe por 2-3 minutos.

- Adicione esta mistura ao dhal. Deixe ferver por 10 minutos.

- Decore com gengibre, pimenta verde e folhas de coentro. Sirva quente com arroz cozido no vapor, chapatti ou naan

Methi Dhal

(Dividir grama vermelha com feno-grego)

Para 4 pessoas

Ingredientes

50 g de folhas frescas de feno-grego, picadas finamente

Sal a gosto

300g/10 onças de toor dhal*

1,5 litros/2¾ litros de água

1 cebola grande, finamente picada

2 tomates picados finamente

2 colheres de chá de pasta de tamarindo

1 pimenta verde, dividida longitudinalmente

colher de chá: Açafrão

¾ colher de chá de pimenta em pó

2 colheres de sopa de coco fresco ralado

1 colher de sopa de açúcar mascavo*, Grato

Para temperar:

2 colheres de chá de óleo vegetal refinado

½ colher de chá de sementes de mostarda

6 folhas de curry

8 dentes esmagados

Método

- Esfregue as folhas de feno-grego com um pouco de sal e reserve.

- Cozinhe o toor dhal com água e sal em uma panela por 45 minutos em fogo médio.

- Adicione folhas de feno-grego junto com cebola, tomate, pasta de tamarindo, pimenta verde, açafrão, pimenta em pó, coco e açúcar mascavo. Misture bem. Adicione um pouco mais de água se necessário. Deixe ferver por 5 minutos.

- Retire do fogo. Esmague bem e reserve.

- Aqueça o óleo em uma panela. Adicione sementes de mostarda, folhas de curry e cravo. Deixe-os cuspir por 15 segundos. Despeje sobre o dhal. Servir quente.

Malai Koftas

(bolinhos com molho doce)

Para 4 pessoas

Ingredientes

2,5 cm/1 em canela

6 vagens de cardamomo verde

¼ colher de chá de noz-moscada moída

6 dentes

3 colheres de chá de pimenta branca moída na hora

3,5 cm/1½ de raiz de gengibre ralado

½ colher de chá de açafrão

2 dentes de alho esmagados

2½ colheres de chá de açúcar

Sal a gosto

120 ml de água

3 colheres de sopa de ghee

360 ml/12 fl oz de leite

120ml de creme líquido

1 colher de sopa de queijo cheddar ralado

1 colher de sopa de folhas de coentro, picadas finamente

Para os koftas:

50g/1¾oz de khoya*

Paneer 50g/1¾oz*

4 batatas grandes cozidas e amassadas

4-5 pimentões verdes, picados finamente

1 cm/½ de raiz de gengibre ralada

1 colher de chá de coentro picado

½ colher de chá de sementes de cominho

Sal a gosto

20g/¾ onças de passas

20g/¾oz de castanha de caju

Método

- Para os koftas, amasse todos os ingredientes do kofta, exceto as passas e as castanhas de caju, para formar uma massa macia.

- Divida esta massa em bolas do tamanho de nozes. Esprema 2-3 passas e castanhas de caju no centro de cada bola.

- Asse as bolinhas no forno a 200°C (400°F/termostato 6) por 5 minutos. Deixe-os de lado.

- Para o molho, toste a canela, o cardamomo, a noz-moscada e o cravo em uma frigideira em fogo baixo por 1 minuto. Moa e reserve.

- Moa a pimenta, o gengibre, a cúrcuma, o alho, o açúcar e o sal com a água. Deixe de lado.

- Aqueça o ghee em uma panela. Adicione a mistura de canela e cardamomo. Doure em fogo médio por um minuto.

- Adicione a mistura de pimenta e gengibre. Frite por 5 a 7 minutos, mexendo ocasionalmente.

- Adicione o leite e as natas. Cozinhe por 15 minutos, mexendo ocasionalmente.

- Coloque os koftas quentes em uma travessa para gratinar.

- Despeje o molho sobre os koftas e decore com queijo e folhas de coentro. Servir quente.

- Alternativamente, depois de despejar o molho sobre os koftas, leve ao forno pré-aquecido a 200°C (400°F, gás 6) por 5 minutos. Decore com queijo e folhas de coentro. Servir quente.

Aloo Palak

(Batatas Assadas com Espinafre)

Para 6 pessoas

Ingredientes

300g/10oz de espinafre picado e cozido no vapor

2 pimentões verdes, cortados longitudinalmente

4 colheres de sopa de ghee

2 batatas grandes, cozidas e cortadas em cubos

½ colher de chá de sementes de cominho

2,5 cm de raiz de gengibre, cortada em juliana

2 cebolas grandes, finamente picadas

3 tomates picados finamente

1 colher de chá de pimenta em pó

½ colher de chá de canela em pó

½ colher de chá de cravo moído

colher de chá: Açafrão

½ colher de chá de garam masala

½ colher de chá de farinha integral

1 colher de chá de suco de limão

Sal a gosto

½ colher de sopa de manteiga

Grande pitada de assa-fétida

Método

- Triture grosseiramente o espinafre com a pimenta verde no liquidificador. Deixe de lado.
- Aqueça o ghee em uma panela. Adicione as batatas e frite em fogo médio até dourar e ficar crocante. Escorra-os e reserve.
- No mesmo ghee, adicione sementes de cominho. Deixe-os cuspir por 15 segundos.
- Adicione o gengibre e a cebola. Frite-os em fogo médio por 2-3 minutos.
- Adicione o restante dos ingredientes, exceto a manteiga e a assa-fétida. Cozinhe a mistura em fogo médio por 3-4 minutos, mexendo em intervalos regulares.
- Adicione o espinafre e as batatas. Misture bem e cozinhe por 2-3 minutos. Reserve a mistura.
- Aqueça a manteiga em uma panela pequena. Adicione a assa-fétida. Deixe cuspir por 5 segundos.
- Despeje esta mistura imediatamente sobre o aloo palak. Misture delicadamente. Servir quente.

PERCEBIDO:*Você pode substituir as batatas por ervilhas frescas ou grãos de milho.*

Dum ka Karela

(cabaça amarga cozida lentamente)

Para 4 pessoas

Ingredientes

12 cabaças amargas*

Sal a gosto

500 ml/16 fl oz de água

1 colher de chá de açafrão

1 colher de chá de pasta de gengibre

1 colher de chá de pasta de alho

Manteiga para regar e untar

Para o recheio:

1 colher de sopa de coco fresco, picado

60g/2 onças de amendoim

1 colher de sopa de sementes de gergelim

1 colher de chá de sementes de cominho

2 cebolas grandes

2,5 cm de raiz de gengibre, cortada em juliana

2 colheres de chá de açúcar mascavo*, Grato

1½ colher de chá de coentro moído

1 colher de chá de pimenta em pó

Sal a gosto

Paneer 150g/5½ onças*, Grato

Para temperar:

3 colheres de sopa de óleo vegetal refinado

10 folhas de curry

½ colher de chá de sementes de cominho

½ colher de chá de sementes de mostarda

colher de chá de sementes de feno-grego

Método

- Faça um único corte longitudinal na cabaça amarga, garantindo que as bases permaneçam intactas. Semeie-os. Esfregue-os com sal e deixe por 1 hora.
- Misture a água com açafrão, pasta de gengibre, pasta de alho e um pouco de sal em uma panela e cozinhe em fogo médio por 5-7 minutos. Adicione as cabaças amargas. Cozinhe até ficar macio. Escorra e reserve.
- Para o recheio, asse a seco todos os ingredientes do recheio, exceto o paneer. Misture a mistura de assado seco com 60 ml de água. Moa até formar uma pasta fina.
- Adicione o painel. Misture cuidadosamente com a pasta moída. Deixe de lado.

- Aqueça o azeite em uma frigideira. Adicione os ingredientes do tempero. Deixe-os cuspir por 15 segundos.
- Despeje sobre a mistura de recheio. Misture bem. Divida o recheio em 12 porções iguais.
- Coloque uma porção em cada cabaça amarga. Coloque-os em uma assadeira untada com o lado recheado voltado para cima. Faça alguns furos em uma folha de papel alumínio e feche a bandeja com ela.
- Asse as cabaças amargas no forno a 140°C (275°F, marca de gás 1) por 30 minutos, regando-as em intervalos regulares. Servir quente.

Caril Navratna

(Curry rico de vegetais mistos)

Para 4 pessoas

Ingredientes

100g/3½ onças de feijão verde

2 cenouras grandes

100g/3½ onças de couve-flor

200g/7 onças de ervilhas

360ml/12fl oz de água

4 colheres de sopa de ghee mais extra para fritar

2 batatas picadas

Paneer 150g/5½ onças*, cortado em pedaços

2 tomates em purê

2 pimentões verdes grandes, cortados em tiras compridas

150g/5½ onças de castanha de caju

250g/9oz de passas

2 colheres de chá de açúcar

Sal a gosto

200g/7oz de iogurte batido

2 fatias de abacaxi picado

algumas cerejas

Para a mistura de especiarias:

6 dentes de alho

2 pimentas verdes

4 pimentões vermelhos secos

2,5 cm/1 polegada de raiz de gengibre

2 colheres de chá de sementes de coentro

1 colher de chá de sementes de cominho

1 colher de chá de sementes de cominho preto

3 vagens de cardamomo verde

Método

- Corte o feijão verde, a cenoura e a couve-flor em cubos. Misture-os com as ervilhas e a água. Cozinhe esta mistura em uma panela em fogo médio por 7 a 8 minutos. Deixe de lado.
- Aqueça o ghee para fritar em uma frigideira. Adicione as batatas e o paneer. Frite-os em fogo médio até dourar. Escorra-os e reserve.
- Moa todos os ingredientes da mistura de especiarias até formar uma pasta. Deixe de lado.
- Aqueça 4 colheres de sopa de ghee em uma panela. Adicione a pasta de especiarias. Frite em fogo médio por 1-2 minutos, mexendo sempre.
- Adicione o purê de tomate, o pimentão, a castanha de caju, as passas, o açúcar e o sal. Misture bem.

- Adicione os legumes cozidos, o paneer frito e as batatas e o iogurte. Mexa até que o iogurte e o purê de tomate cubram o restante dos ingredientes. Deixe ferver por 10-15 minutos.
- Decore o curry Navratna com rodelas de abacaxi e cerejas. Servir quente.

Kofta misto de vegetais com curry de tomate

Para 4 pessoas

Ingredientes

Para o kafta:

125g/4½ onças de milho congelado

125g/4½ onças de ervilhas congeladas

60g/2oz de feijão verde picado

60g/2oz de cenouras, picadas finamente

375g/13 onças de besan*

½ colher de chá de pimenta em pó

Pitada de açafrão

1 colher de chá de amchoor*

1 colher de chá de coentro moído

½ colher de chá de cominho em pó

Sal a gosto

Óleo vegetal refinado para fritar

Para o caril:

4 tomates picados finamente

2 colheres de chá de pasta de tomate

1 colher de chá de gengibre em pó

½ colher de chá de pimenta em pó

colher de chá de açúcar

¼ colher de chá de canela em pó

2 dentes

Sal a gosto

1 colher de sopa de empanado*, Grato

25 g/algumas folhas de coentro, picadas finamente

Método

- Para o kofta, misture o milho, a ervilha, o feijão verde e a cenoura em uma panela. Leve a mistura para ferver.
- Amasse a mistura cozida no vapor com os demais ingredientes do kofta, exceto o óleo, para formar uma massa macia. Divida a massa em bolas do tamanho de um limão.
- Aqueça o azeite em uma frigideira. Adicione as bolas de kofta. Frite-os em fogo médio até dourar. Escorra os koftas e reserve.
- Para o curry, misture todos os ingredientes do curry, exceto o paneer e as folhas de coentro, em uma panela.
- Cozinhe esta mistura por 15 minutos em fogo médio, mexendo sempre.
- Adicione delicadamente os koftas ao curry, 15 minutos antes de servir.
- Decore com paneer e folhas de coentro. Servir quente.

Muthias ao molho branco

(bolinhos de paneer e feno-grego com molho branco)

Para 4 pessoas

Ingredientes

1 colher de sopa de castanha de caju

1 colher de sopa de amendoim levemente torrado

1 fatia de pão branco

1 cebola de tamanho médio, picada finamente

2,5 cm/1 polegada de raiz de gengibre

3 pimentas verdes

1 colher de chá de sementes de papoula embebidas em 2 colheres de sopa de leite por 1 hora

2 colheres de sopa de ghee

240 ml/6 fl oz de leite

1 colher de chá de açúcar em pó

Pitada de canela em pó

Pitada de cravo moído

120ml de creme líquido

Sal a gosto

200g/7 onças de iogurte

Para os mútias:

300g/10 onças*, desmoronou

1 colher de sopa de folhas de feno-grego picadas

1 colher de sopa de farinha branca simples

Sal a gosto

Pimenta em pó a gosto

Ghee para fritar

Método

- Amasse todos os ingredientes da muthia, exceto o ghee, para formar uma massa macia. Divida a massa em bolas do tamanho de nozes.
- Aqueça o ghee em uma panela. Adicione as bolinhas e frite em fogo médio até dourar. Deixe de lado.
- Moa as castanhas de caju, o amendoim torrado e o pão com água suficiente para formar uma pasta. Reserve a mistura.
- Moa a cebola, o gengibre, a pimenta e as sementes de papoula com água suficiente para formar uma pasta. Reserve a mistura.
- Aqueça o ghee em uma panela. Adicione a mistura de cebola e gengibre. Frite até dourar.
- Adicione todos os ingredientes restantes e a pasta de caju e amendoim. Misture bem. Cozinhe por 15 minutos, mexendo sempre.
- Adicione as mútias. Misture delicadamente. Servir quente.

Caril Marrom

Para 4 pessoas

Ingredientes

2 vagens de cardamomo verde

2 dentes

2 grãos de pimenta preta

1 cm/½ em canela

1 folha de louro

2 pimentões vermelhos secos

1 colher de chá de farinha integral

2 colheres de sopa de óleo vegetal refinado

1 cebola grande, fatiada

1 colher de chá de sementes de cominho

Pitada de assa-fétida

1 pimentão verde grande, cortado em juliana

2,5 cm de raiz de gengibre, cortada em juliana

4 dentes de alho esmagados

½ colher de chá de pimenta em pó

colher de chá: Açafrão

1 colher de chá de coentro moído

2 tomates grandes, picados finamente

1 colher de sopa de pasta de tamarindo

Sal a gosto

1 colher de sopa de folhas de coentro, picadas finamente

Método

- Moa cardamomo, cravo, pimenta, canela, louro e pimenta vermelha até formar um pó fino. Deixe de lado.
- Torrar a farinha até ficar rosada, mexendo continuamente. Deixe de lado.
- Aqueça o óleo em uma panela. Adicione a cebola. Frite em fogo médio até dourar. Escorra e triture até formar uma pasta fina. Deixe de lado.
- Aqueça o mesmo óleo e acrescente as sementes de cominho. Deixe-os cuspir por 15 segundos.
- Adicione a assa-fétida, o pimentão verde, o gengibre e o alho. Refogue por um minuto.
- Adicione o restante dos ingredientes, exceto as folhas de coentro. Misture bem.
- Adicione a mistura de cardamomo moído e cravo, a farinha torrada seca e a pasta de cebola. Misture bem.
- Deixe ferver por 10-15 minutos.
- Decore com folhas de coentro. Servir quente.

PERCEBIDO:*Este curry acompanha bem vegetais como batatinhas com casca, ervilhas e pedaços de berinjela salteada.*

Caril de diamante

Para 4 pessoas

Ingredientes

2-3 colheres de sopa de óleo vegetal refinado

2 cebolas grandes, reduzidas a uma pasta

1 colher de chá de pasta de gengibre

1 colher de chá de pasta de alho

2 tomates grandes, purê

1-2 pimentões verdes

½ colher de chá de açafrão

1 colher de sopa de cominho moído

½ colher de chá de garam masala

½ colher de chá de açúcar

Sal a gosto

250 ml/8 fl oz de água

Para diamantes:

250g/9 onças de besan*

200 ml de água

1 colher de sopa de óleo vegetal refinado

1 pitada de assa-fétida

½ colher de chá de sementes de cominho

25 g/algumas folhas de coentro, picadas finamente

2 pimentões verdes, finamente picados

Sal a gosto

Método
- Para o molho, aqueça o azeite em uma panela. Adicione a pasta de cebola. Frite a massa em fogo médio até ficar translúcida.
- Adicione a pasta de gengibre e a pasta de alho. Frite por um minuto.
- Adicione os ingredientes restantes, exceto os ingredientes diamante. Misture bem. Cubra com uma tampa e deixe a mistura ferver por 5-7 minutos. Reserve o molho.
- Para fazer os diamantes, misture bem o besan com água para formar uma pasta grossa. Evite formar grumos. Deixe de lado.
- Aqueça o óleo em uma panela. Adicione a assa-fétida e as sementes de cominho. Deixe-os cuspir por 15 segundos.
- Adicione a massa besan e todos os ingredientes restantes do diamante. Mexa continuamente em fogo médio até que a mistura saia das laterais da panela.
- Unte com manteiga uma assadeira antiaderente de 15 × 35 cm/6 × 14 polegadas. Despeje a massa e alise-a com uma espátula. Deixe descansar por 20 minutos. Corte em diamantes.
- Adicione os diamantes ao molho. Servir quente.

Ensopado de legumes

Para 4 pessoas

Ingredientes

1 colher de sopa de farinha branca simples

3 colheres de sopa de óleo vegetal refinado

4 dentes

2,5 cm/1 em canela

2 vagens de cardamomo verde

1 cebola pequena cortada em cubos

1 cm/½ de raiz de gengibre picada

2 a 5 pimentões verdes, cortados longitudinalmente

10 folhas de curry

150g/5½ onças de vegetais mistos congelados

600 ml de leite de coco

Sal a gosto

1 colher de sopa de vinagre

1 colher de chá de pimenta preta moída

1 colher de chá de sementes de mostarda

1 chalota picada

Método

- Misture a farinha com água suficiente para formar uma pasta grossa. Deixe de lado.
- Aqueça 2 colheres de sopa de óleo em uma panela. Adicione o cravo, a canela e o cardamomo. Deixe-os cuspir por 30 segundos.
- Adicione a cebola, o gengibre, a pimenta e as folhas de curry. Doure a mistura em fogo médio por 2-3 minutos.
- Adicione os legumes, o leite de coco e o sal. Mexa por 2-3 minutos.
- Adicione a pasta de farinha. Cozinhe por 5 a 7 minutos, mexendo continuamente.
- Adicione o vinagre. Misture bem. Deixe ferver por mais um minuto. Reserve o ensopado.
- Aqueça o óleo restante em uma panela. Adicione a pimenta, as sementes de mostarda e a cebola. Frite por 1 minuto.
- Despeje esta mistura sobre o ensopado. Servir quente.

Curry de cogumelos e ervilha

Para 4 pessoas

Ingredientes

2 pimentas verdes

1 colher de sopa de sementes de papoula

2 vagens de cardamomo verde

1 colher de sopa de castanha de caju

1 cm de raiz de gengibre

½ colher de sopa de ghee

1 cebola grande, finamente picada

4 dentes de alho picados finamente

400g/14 onças de cogumelos, fatiados

200g/7oz de ervilhas enlatadas

Sal a gosto

1 colher de sopa de iogurte

1 colher de sopa de creme líquido

10g/¼oz de folhas de coentro, picadas finamente

Método

- Moa pimentas verdes, sementes de papoula, cardamomo, castanha de caju e gengibre para formar uma pasta grossa. Deixe de lado.
- Aqueça o ghee em uma panela. Adicione a cebola. Frite em fogo médio até ficar translúcido.
- Adicione o alho e a mistura de pimenta verde e sementes de papoula moídas. Refogue por 5-7 minutos.
- Adicione os cogumelos e as ervilhas. Refogue por 3-4 minutos.
- Adicione o sal, o iogurte e as natas. Misture bem. Deixe ferver por 5 a 7 minutos, mexendo ocasionalmente.
- Decore com folhas de coentro. Servir quente.

Navratan Korma

(vegetais mistos picantes)

Para 4 pessoas

Ingredientes

1 colher de chá de sementes de cominho

2 colheres de chá de sementes de papoula

3 vagens de cardamomo verde

1 cebola grande, finamente picada

25g/pedaço 1 onça de coco ralado

3 pimentões verdes, cortados longitudinalmente

3 colheres de sopa de ghee

15 castanhas de caju

3 colheres de sopa de manteiga

400g/14 onças de ervilhas enlatadas

2 cenouras cozidas e picadas

1 maçã pequena, picada finamente

2 fatias de abacaxi picadas finamente

Iogurte 125g/4½ onças

60 ml de creme líquido

120 ml de ketchup de tomate

20 passas

Sal a gosto

1 colher de sopa de queijo cheddar ralado

1 colher de sopa de folhas de coentro, picadas finamente

2 cerejas cristalizadas

Método

- Moa as sementes de cominho e de papoula até formar um pó fino. Deixe de lado.
- Moa o cardamomo, a cebola, o coco e a pimenta verde até formar uma pasta grossa. Deixe de lado.
- Aqueça o ghee. Adicione as castanhas de caju. Frite-os em fogo médio até dourar. Escorra-os e reserve. Não jogue fora o ghee.
- Adicione a manteiga ao ghee e aqueça a mistura por um minuto, mexendo bem.
- Adicione a mistura de cardamomo e cebola. Doure em fogo médio por 2 minutos.
- Adicione as ervilhas, a cenoura, a maçã e o abacaxi. Refogue a mistura por 5 a 6 minutos.
- Adicione a mistura de sementes de cominho e papoula. Cozinhe por mais um minuto em fogo baixo.
- Adicione o iogurte, as natas, o ketchup, as passas e o sal. Mexa a mistura em fogo baixo por 7-8 minutos.
- Decore o korma com o queijo, as folhas de coentros, as cerejas e os cajus fritos. Servir quente.

Sindi Sai Bhaji*

(vegetais picantes Sindi)

Para 4 pessoas

Ingredientes

3 colheres de sopa de óleo vegetal refinado

1 cebola grande picada

3 pimentões verdes, cortados longitudinalmente

6 dentes de alho picados finamente

1 cenoura picada

1 pimentão verde grande, picado finamente

1 repolho pequeno, picado finamente

1 batata grande, picada finamente

1 berinjela picada

100g/3½ onças de quiabo picado

100g/3½ onças de feijão verde, picado finamente

150g/5½ onças de folhas de espinafre, picadas finamente

100 g de folhas de coentro picadas finamente

300g/10 onças de masoor dhal*, embebido por 30 minutos e escorrido

150g/5½ onças de mung dhal*, embebido por 30 minutos e escorrido

750 ml/1¼ litro de água

1 colher de chá de pimenta em pó

1 colher de chá de coentro moído

½ colher de chá de açafrão

1 colher de chá de sal

1 tomate

½ colher de sopa de ghee

Pitada de assa-fétida

Método

- Aqueça o azeite em uma panela grande. Adicione a cebola. Frite em fogo médio até ficar translúcido.
- Adicione pimenta verde e alho. Frite por mais um minuto.
- Adicione todos os ingredientes restantes, exceto tomate, ghee e assa-fétida. Misture bem. Cubra com uma tampa e cozinhe em fogo baixo por 10 minutos, mexendo em intervalos regulares.
- Coloque o tomate inteiro por cima da mistura de vegetais, tampe novamente e continue cozinhando a mistura por 30 minutos.
- Retire do fogo e misture grosseiramente o conteúdo. Deixe o bhaji de lado.
- Aqueça o ghee em uma panela. Adicione a assa-fétida. Deixe cuspir por 10 segundos. Despeje diretamente no bhaji. Mexa a mistura com cuidado. Servir quente.

Beterraba Nawabi

(Beterraba rica)

Para 4 pessoas

Ingredientes

500 g de beterraba vermelha de tamanho médio, descascada

Iogurte 125g/4½ onças

120ml de creme líquido

Sal a gosto

2,5 cm de raiz de gengibre, cortada em juliana

100g/3½ onças de ervilhas frescas

1 colher de sopa de suco de limão

1 colher de sopa de óleo vegetal refinado

2 colheres de sopa de manteiga

1 cebola grande ralada

6 dentes de alho esmagados

1 colher de chá de pimenta em pó

Pitada de açafrão

1 colher de chá de garam masala

250g / 9 onças de queijo cheddar ralado

50 g de folhas de coentro picadas finamente

Método

- Core as beterrabas. Não jogue fora as porções colhidas. Deixe de lado.
- Misture 2 colheres de iogurte, 2 colheres de creme de leite e sal.
- Misture as beterrabas nesta mistura para cobri-las bem.
- Cozinhe essas beterrabas em fogo médio por 5 a 7 minutos. Deixe de lado.
- Misture as porções vazadas de beterraba com o gengibre, as ervilhas, o suco de limão e o sal.
- Aqueça o óleo em uma panela. Adicione a mistura de beterraba e gengibre. Doure em fogo médio por 4 a 5 minutos.
- Recheie as beterrabas cozidas no vapor com esta mistura. Deixe de lado.
- Aqueça a manteiga em uma panela. Adicione a cebola e o alho. Refogue em fogo médio até a cebola ficar translúcida.
- Adicione o restante do creme, pimenta em pó, açafrão e garam masala. Misture bem. Cozinhe por 4-5 minutos.
- Adicione a beterraba recheada, o restante do iogurte e o queijo. Cozinhe por 2-3 minutos e adicione as folhas de coentro. Servir quente.

Baghara Baingan

(Berinjela picante e picante)

Para 4 pessoas

Ingredientes

1 colher de sopa de sementes de coentro

1 colher de sopa de sementes de papoula

1 colher de sopa de sementes de gergelim

½ colher de chá de sementes de cominho

3 pimentões vermelhos secos

100g/3½ onças de coco fresco, ralado

3 cebolas grandes, finamente picadas

2,5 cm/1 polegada de raiz de gengibre

5 colheres de sopa de óleo vegetal refinado

500g / 1lb 2 onças de berinjela picada

8 folhas de curry

½ colher de chá de açafrão

½ colher de chá de pimenta em pó

3 pimentões verdes, cortados longitudinalmente

8 folhas de curry

1½ colher de chá de pasta de tamarindo

250 ml/8 fl oz de água

Sal a gosto

Método

- Asse a seco as sementes de coentro, sementes de papoula, sementes de gergelim, sementes de cominho e pimenta vermelha por 1-2 minutos. Deixe de lado.
- Moa o coco, 1 cebola e o gengibre para formar uma pasta grossa. Deixe de lado.
- Aqueça metade do azeite em uma panela. Adicione as berinjelas. Doure-os em fogo médio por 5 minutos, virando-os de vez em quando. Escorra-os e reserve.
- Aqueça o óleo restante em uma panela. Adicione as folhas de curry e as cebolas restantes. Refogue em fogo médio até a cebola dourar.
- Adicione a pasta de coco. Refogue por um minuto.
- Adicione os ingredientes restantes. Misture bem. Cozinhe em fogo baixo por 3-4 minutos.
- Adicione a mistura de sementes de coentro torradas secas e sementes de papoula. Misture bem. Continue cozinhando por 2-3 minutos.
- Adicione as berinjelas fritas. Mexa a mistura com cuidado. Cozinhe por 3-4 minutos. Servir quente.

Kofta de cenoura cozida no vapor

Para 4 pessoas

Ingredientes

2 colheres de sopa de óleo vegetal refinado

2 cebolas grandes raladas

6 tomates picados finamente

1 colher de sopa de iogurte

1 colher de chá de garam masala

Para o kafta:

2 cenouras grandes raladas

125g/4½ onças de besan*

125g/4½ onças de farinha integral

150g/5½ onças de trigo quebrado

1 colher de chá de garam masala

½ colher de chá de açafrão

1 colher de chá de pimenta em pó

colher de chá de ácido cítrico

½ colher de chá de bicarbonato de sódio

2 colheres de chá de óleo vegetal refinado

Sal a gosto

Para a massa:

3 colheres de chá de sementes de coentro

1 colher de chá de sementes de cominho

4 grãos de pimenta preta

3 dentes

5cm/2 pol. de canela

2 vagens de cardamomo verde

3 colheres de chá de coco fresco ralado

6 pimentões vermelhos

Sal a gosto

2 colheres de sopa de água

Método

- Amasse todos os ingredientes do kofta com água suficiente para fazer uma massa macia. Divida a massa em bolas do tamanho de nozes.
- Cozinhe as bolas em fogo médio por 7 a 8 minutos. Deixe de lado.
- Misture todos os ingredientes da massa, exceto a água. Asse a mistura a seco em fogo médio por 2-3 minutos.
- Adicione água à mistura e triture até formar uma pasta lisa. Deixe de lado.
- Aqueça o óleo em uma panela. Adicione a cebola ralada. Frite em fogo médio até ficarem translúcidos.
- Adicione os tomates, o iogurte, o garam masala e a pasta moída. Refogue a mistura por 2-3 minutos.
- Adicione as bolas cozidas no vapor. Misture bem. Cozinhe a mistura em fogo baixo por 3-4 minutos, mexendo em intervalos regulares. Servir quente.

Dhingri Shabnam

(Bolas Paneer Recheadas com Cogumelos)

Para 4 pessoas

Ingredientes

450g/1lb de pão*

125g/4½ onças de farinha branca simples

60 ml de água

Óleo vegetal refinado e extra para fritar

colher de chá de garam masala

Para o recheio:

100g/3½ onças de cogumelos

1 colher de chá de manteiga sem sal

8 castanhas de caju picadas

16 passas

2 colheres de sopa de khoya*

1 colher de sopa de empanado*

1 colher de sopa de folhas de coentro, picadas finamente

1 pimenta verde picada

Para o molho:

2 colheres de sopa de óleo vegetal refinado

colher de chá de sementes de feno-grego

1 cebola picada

1 colher de chá de pasta de alho

1 colher de chá de pasta de gengibre

colher de chá: Açafrão

7-8 castanhas de caju moídas

Iogurte 50g/1¾oz

1 cebola grande, reduzida a uma pasta

750 ml/1¼ litro de água

Sal a gosto

Método

- Sove o paneer e a farinha com 60 ml de água até formar uma massa macia. Divida a massa em 8 bolas. Achate em discos. Deixe de lado.
- Para o recheio, corte os cogumelos em fatias.
- Aqueça a manteiga em uma panela. Adicione os cogumelos fatiados. Doure-os em fogo médio por um minuto.
- Retire do fogo e misture com os ingredientes restantes da cobertura.
- Divida esta mistura em 8 porções iguais.
- Coloque uma porção de recheio em cada disco de farinha paneer. Sele em sacos e alise em bolas para fazer koftas.

- Aqueça o óleo para fritar em uma panela. Adicione os koftas. Frite-os em fogo médio até dourar. Escorra-os e reserve.
- Para o molho, aqueça 2 colheres de sopa de óleo em uma panela. Adicione as sementes de feno-grego. Deixe-os cuspir por 15 segundos.
- Adicione a cebola. Refogue em fogo médio até ficar translúcido.
- Adicione o restante dos ingredientes do molho. Misture bem. Deixe ferver por 8 a 10 minutos.
- Retire do fogo e passe o molho por uma peneira para uma panela separada.
- Adicione cuidadosamente os koftas ao molho escorrido.
- Deixe esta mistura ferver por 5 minutos, mexendo delicadamente.
- Polvilhe o garam masala sobre o dhingri shabnam. Servir quente.

Xacutti de cogumelo

(Caril Picante de Cogumelo Goês)

Para 4 pessoas

Ingredientes

4 colheres de sopa de óleo vegetal refinado

3 pimentões vermelhos

2 cebolas grandes, finamente picadas

1 coco ralado

2 colheres de chá de sementes de coentro

4 grãos de pimenta preta

½ colher de chá de açafrão

1 colher de chá de sementes de papoula

2,5 cm/1 em canela

2 dentes

2 vagens de cardamomo verde

½ colher de chá de sementes de cominho

½ colher de chá de sementes de erva-doce

5 dentes de alho esmagados

Sal a gosto

2 tomates picados finamente

1 colher de chá de pasta de tamarindo

500g / 1lb 2 onças de cogumelos picados

1 colher de sopa de folhas de coentro, picadas finamente

Método

- Aqueça 3 colheres de sopa de óleo em uma panela. Adicione os pimentões vermelhos. Doure-os em fogo médio por 20 segundos.
- Adicione a cebola e o coco. Frite a mistura até dourar. Deixe de lado.
- Aqueça uma panela. Adicione sementes de coentro, pimenta, açafrão, sementes de papoula, canela, cravo, cardamomo, sementes de cominho e sementes de erva-doce. Asse a mistura a seco por 1-2 minutos, mexendo sempre.
- Adicione o alho e o sal. Misture bem. Asse a seco por mais um minuto. Retire do fogo e triture até formar uma mistura homogênea.
- Aqueça o óleo restante. Adicione os tomates e a pasta de tamarindo. Doure esta mistura em fogo médio por um minuto.
- Adicione os cogumelos. Doure por 2-3 minutos.
- Adicione a mistura de sementes de coentro e pimenta e a mistura de cebola e coco. Misture bem. Doure em fogo baixo por 3-4 minutos.
- Decore o cogumelo xacutti com as folhas de coentro. Servir quente.

Paneer e curry de milho

Para 4 pessoas

Ingredientes

3 dentes

2,5 cm/1 em canela

3 grãos de pimenta preta

1 colher de sopa de castanha de caju quebrada

1 colher de sopa de sementes de papoula

3 colheres de sopa de leite morno

2 colheres de sopa de óleo vegetal refinado

1 cebola grande ralada

2 folhas de louro

½ colher de chá de pasta de gengibre

½ colher de chá de pasta de alho

1 colher de chá de pimenta vermelha em pó

4 tomates em purê

125g/4½ onças de iogurte batido

2 colheres de sopa de creme líquido

1 colher de chá de açúcar

½ colher de chá de garam masala

Painel de 250g/9oz*, picado

200g/7oz de grãos de milho doce, cozidos

Sal a gosto

2 colheres de sopa de folhas de coentro

Método

- Moa o cravo, a canela e a pimenta até formar um pó fino. Deixe de lado.
- Mergulhe as castanhas de caju e as sementes de papoula em leite quente por 30 minutos. Deixe de lado.
- Aqueça o óleo em uma panela. Adicione a cebola e as folhas de louro. Doure-os em fogo médio por um minuto.
- Adicione a pimenta em pó com cravo e canela e a mistura de leite de caju e papoula.
- Adicione a pasta de gengibre, a pasta de alho e a pimenta vermelha em pó. Misture bem. Frite por um minuto.
- Adicione os tomates. Doure a mistura em fogo baixo por 2-3 minutos.
- Adicione o iogurte, as natas, o açúcar, o garam masala, o paneer, os grãos de milho e o sal. Mexa a mistura com cuidado. Cozinhe em fogo baixo por 7 a 8 minutos, mexendo em intervalos regulares.
- Decore o curry com folhas de coentro. Servir quente.

Basant Bahar

(Tomates verdes picantes com molho)

Para 4 pessoas

Ingredientes

500g / 1lb 2 onças de tomate verde

1 colher de chá de óleo vegetal refinado

Pitada de assa-fétida

3 cebolas pequenas, finamente picadas

10 dentes de alho esmagados

250g/9 onças de besan*

1 colher de chá de sementes de erva-doce

1 colher de chá de coentro moído

colher de chá: Açafrão

colher de chá de garam masala

½ colher de chá de pimenta em pó

1 colher de chá de suco de limão

Sal a gosto

Para o molho:

3 cebolas assadas

2 tomates assados

1 cm de raiz de gengibre

2 pimentas verdes

1 colher de chá de iogurte

1 colher de chá de creme líquido

Pitada de assa-fétida

1 colher de chá de sementes de cominho

2 folhas de louro

Sal a gosto

2 colheres de chá de óleo vegetal refinado

150g/5½ onças de queijo de cabra macio, esfarelado

1 colher de sopa de folhas de coentro, picadas finamente

Método

- Com uma faca, faça uma cruz na metade superior do tomate e divida-o, deixando a metade inferior intacta. Repita esta operação para todos os tomates. Deixe de lado.
- Aqueça o óleo em uma panela. Adicione a assa-fétida. Deixe cuspir por 10 segundos.
- Adicione a cebola e o alho. Refogue em fogo médio até que as cebolas fiquem translúcidas.
- Adicione besan, sementes de erva-doce, coentro moído, açafrão, garam masala e pimenta em pó. Continue a fritar por 1-2 minutos.

- Adicione o suco de limão e o sal. Misture bem. Retire do fogo e recheie esta mistura com os tomates fatiados. Reserve os tomates recheados.
- Moa todos os ingredientes do molho, exceto o óleo, o queijo de cabra e as folhas de coentro, até formar uma pasta lisa. Deixe de lado.
- Aqueça 1 colher de chá de óleo. Adicione o queijo de cabra. Frite em fogo médio até dourar. Deixe de lado.
- Aqueça o restante do azeite em outra panela. Adicione a pasta de molho moído. Cozinhe a mistura em fogo médio por 4 a 5 minutos, mexendo em intervalos regulares.
- Adicione os tomates recheados. Misture bem. Cubra a panela com uma tampa e cozinhe a mistura em fogo médio por 4-5 minutos.
- Polvilhe as folhas de coentro e o queijo de cabra frito sobre o bahar basant. Servir quente.

Palak Kofta

(bolinhos de espinafre ao molho)

Para 4 pessoas

Ingredientes

Para o kafta:

300g/10oz de espinafre picado

1 cm de raiz de gengibre

1 pimentão verde

1 dente de alho

Sal a gosto

½ colher de chá de garam masala

30g de queijo de cabra escorrido

2 colheres de sopa de besan*, assar

4 colheres de sopa de óleo vegetal refinado e um pouco mais para fritar

Para o molho:

½ colher de chá de sementes de cominho

2,5 cm/1 polegada de raiz de gengibre

2 dentes de alho

colher de chá de sementes de coentro

2 cebolas pequenas, moídas

Pitada de pimenta em pó

colher de chá: Açafrão

½ tomate em purê

Sal a gosto

120 ml de água

2 colheres de sopa de creme líquido

1 colher de sopa de folhas de coentro picadas finamente

Método

- Para preparar os koftas, misture o espinafre, o gengibre, a pimenta verde, o alho e o sal em uma panela. Cozinhe esta mistura em fogo médio por 15 minutos. Escorra e triture até formar uma pasta lisa.
- Sove esta massa com todos os ingredientes restantes do kofta, exceto o óleo, até obter uma massa dura. Divida esta massa em bolas do tamanho de nozes.
- Aqueça o óleo para fritar em uma panela. Adicione as bolas. Frite-os em fogo médio até dourar. Escorra-os e reserve.
- Para fazer o molho, triture as sementes de cominho, o gengibre, o alho e as sementes de coentro. Deixe de lado.
- Aqueça 4 colheres de sopa de óleo em uma panela. Adicione a cebola moída. Frite em fogo baixo até dourar. Adicione a pasta de cominho e gengibre. Frite por mais um minuto.

- Adicione a pimenta em pó, o açafrão e o purê de tomate. Misture bem. Continue a fritar por 2-3 minutos.
- Adicione sal e água. Misture bem. Cubra com uma tampa e cozinhe por 5 a 6 minutos, mexendo em intervalos regulares.
- Descubra e adicione os koftas. Deixe ferver por mais 5 minutos.
- Decore com as natas e as folhas de coentros. Servir quente.

Kofta de repolho

(Almôndegas de repolho ao molho)

Para 4 pessoas

Ingredientes

Para o kafta:

100g/3½ onças de repolho ralado

4 batatas grandes, cozidas

1 colher de chá de sementes de cominho

1 colher de chá de pasta de gengibre

2 pimentões verdes, finamente picados

1 colher de chá de suco de limão

Sal a gosto

Óleo vegetal refinado para fritar

Para o molho:

1 colher de sopa de manteiga

3 cebolas pequenas, finamente picadas

4 dentes de alho

4-6 tomates picados finamente

colher de chá: Açafrão

1 colher de chá de pimenta em pó

1 colher de chá de açúcar

250 ml/8 fl oz de água

Sal a gosto

1 colher de sopa de folhas de coentro, picadas finamente

Método

- Amasse todos os ingredientes do kofta, exceto o óleo, para formar uma massa macia. Divida a massa em bolas do tamanho de nozes.
- Aqueça o óleo em uma panela. Frite as bolinhas em fogo médio até dourar. Escorra e reserve.
- Para preparar o molho, aqueça a manteiga em uma panela. Adicione a cebola e o alho. Frite-os em fogo médio até dourar.
- Adicione o tomate, a cúrcuma e a pimenta em pó. Refogue a mistura por 4 a 5 minutos.
- Adicione o açúcar, a água e o sal. Misture bem. Cubra com uma tampa e cozinhe por 6-7 minutos.
- Adicione as bolinhas de kofta fritas. Deixe ferver por 5 a 6 minutos.
- Decore o repolho kofta com as folhas de coentro. Servir quente.

Koottu

(curry de banana verde)

Para 4 pessoas

Ingredientes

2 colheres de sopa de coco fresco ralado

½ colher de chá de sementes de cominho

2 pimentas verdes

1 colher de sopa de arroz de grão longo, demolhado por 15 minutos

500 ml/16 fl oz de água

200 g de banana verde, descascada e cortada em cubos

Sal a gosto

2 colheres de chá de óleo de coco

½ colher de chá de sementes de mostarda

½ colher de chá de urad dhal*

Pitada de assa-fétida

8 a 10 folhas de curry

Método

- Moa o coco, as sementes de cominho, a pimenta verde e o arroz com 4 colheres de sopa de água para formar uma pasta lisa. Deixe de lado.
- Misture a banana com o restante da água e do sal. Cozinhe esta mistura em uma panela em fogo médio por 10-12 minutos.
- Adicione a pasta de sementes de coco e cominho. Cozinhe por 2-3 minutos. Deixe de lado.
- Aqueça o óleo em uma panela. Adicione sementes de mostarda, urad dhal, assa-fétida e folhas de curry. Deixe-os cuspir por 30 segundos.
- Despeje esta mistura no curry de banana. Misture bem. Servir quente.

PERCEBIDO:*Você também pode substituir a banana verde por cabaça de freixo branco ou cabaça de cobra.*

Manteiga Paneer Masala

Para 4 pessoas

Ingredientes

Óleo vegetal refinado para fritar

500g / 1 lb 2 onças de paneer*, picado

1 cenoura grande, picada finamente

100g/3½ onças de feijão verde, picado finamente

200g/7oz de ervilhas congeladas

3 pimentas verdes, moídas

Sal a gosto

1 colher de sopa de folhas de coentro, picadas finamente

Para o molho:

2,5 cm/1 polegada de raiz de gengibre

4 dentes de alho

4 pimentas verdes

1 colher de chá de sementes de cominho

3 colheres de sopa de manteiga

2 cebolas pequenas raladas

4 tomates em purê

1 colher de chá de amido de milho

300g de iogurte

2 colheres de chá de açúcar

½ colher de chá de garam masala

250 ml/8 fl oz de água

Sal a gosto

Método

- Aqueça o óleo em uma panela. Adicione os pedaços de paneer. Frite-os em fogo médio até dourar. Escorra-os e reserve.
- Misture a cenoura, o feijão verde e as ervilhas. Cozinhe esta mistura em fogo médio por 8 a 10 minutos.
- Adicione pimenta verde e sal. Misture bem. Deixe de lado.
- Para fazer o molho, triture o gengibre, o alho, a pimenta verde e as sementes de cominho até formar uma pasta lisa.
- Aqueça a manteiga em uma panela. Adicione as cebolas. Frite-os em fogo médio até ficarem translúcidos.
- Adicione a pasta de gengibre e alho e os tomates. Frite por mais um minuto.
- Adicione o amido de milho, o iogurte, o açúcar, o garam masala, a água e o sal. Mexa a mistura por 4-5 minutos.
- Adicione a mistura de vegetais cozidos no vapor e o paneer frito. Misture bem. Cubra com uma tampa e cozinhe a mistura em fogo baixo por 2-3 minutos.
- Decore o paneer masala de manteiga com folhas de coentro. Servir quente.

Mor Kolambu

(vegetais mistos do sul da Índia)

Para 4 pessoas

Ingredientes

2 colheres de chá de óleo de coco

2 berinjelas médias, cortadas em cubos

2 coxinhas indianas*, picado

100g/3½ onças de abóbora*, cortada em cubos

100g/3½ onças de quiabo

Sal a gosto

200g/7 onças de iogurte

250 ml/8 fl oz de água

10 folhas de curry

Para a mistura de especiarias:

2 colheres de sopa de mung dhal*, encharcado por 10 minutos

1 colher de sopa de sementes de coentro

½ colher de chá de sementes de cominho

4-5 sementes de feno-grego

½ colher de chá de sementes de mostarda

½ colher de chá de arroz basmati

2 colheres de chá de coco fresco ralado

Método

- Misture todos os ingredientes da mistura de especiarias. Deixe de lado.
- Aqueça o óleo de coco em uma panela. Adicione as berinjelas, as coxinhas, a abóbora, o quiabo e o sal. Frite esta mistura em fogo médio por 4-5 minutos.
- Adicione a mistura de especiarias. Refogue por 4-5 minutos.
- Adicione o iogurte e a água. Misture bem. Cubra com uma tampa e cozinhe por 7-8 minutos.
- Decore o mor kolambu com as folhas de curry. Servir quente.

Aloo Gobhi aur Methi ka Tuk

(Batata estilo Sindi, couve-flor e feno-grego)

Para 4 pessoas

Ingredientes

500 ml/16 fl oz de água

Sal a gosto

4 batatas grandes, sem casca, cortadas em pedaços de 5 cm/2

20g/¾oz de folhas frescas de feno-grego

3 colheres de sopa de óleo vegetal refinado

1 colher de sopa de sementes de mostarda

2-4 folhas de curry

1 colher de sopa de pasta de gengibre

1 colher de chá de pasta de alho

800 g de florzinhas de couve-flor

1 colher de chá de pimenta em pó

1 colher de chá de amchoor*

½ colher de chá de cominho em pó

½ colher de chá de pimenta preta moída grosseiramente

Grande pitada de folhas secas de feno-grego

2 colheres de sopa de sementes de romã fresca

Método

- Coloque a água em uma panela, adicione sal e deixe ferver.
- Adicione as batatas e cozinhe até ficarem macias. Escorra as batatas e reserve.
- Esfregue folhas frescas de feno-grego com sal para reduzir o amargor. Lave e escorra as folhas. Deixe de lado.
- Aqueça o óleo em uma panela. Adicione sementes de mostarda e folhas de curry. Deixe-os cuspir por 15 segundos.
- Adicione a pasta de gengibre e a pasta de alho. Doure a mistura em fogo médio por um minuto.
- Adicione os floretes de couve-flor, a pimenta em pó, o amchoor, o cominho em pó, a pimenta e as folhas secas de feno-grego. Continue a fritar por 3-4 minutos.
- Adicione as batatas e as folhas frescas de feno-grego. Doure a mistura em fogo baixo por 7 a 8 minutos.
- Decore com as sementes de romã. Servir quente.

Avião

(vegetais mistos do sul da Índia)

Para 4 pessoas

Ingredientes

400g/14 onças de iogurte natural

1 colher de chá de sementes de cominho

100g/3½ onças de coco fresco, ralado

Sal a gosto

4 colheres de chá de folhas de coentro, picadas finamente

750 ml/1¼ litro de água

100g/3½ onças de abóbora*, picada

200g/7oz de vegetais congelados mistos

colher de chá: Açafrão

4 pimentões verdes, cortados longitudinalmente

120 ml de óleo vegetal refinado

colher de chá de sementes de mostarda

10 folhas de curry

Pitada de assa-fétida

2 pimentões vermelhos secos

Método

- Bata o iogurte com as sementes de cominho, o coco, o sal, as folhas de coentro e 250 ml de água. Deixe de lado.
- Misture a abóbora e os vegetais misturados com o sal, 500 ml de água e o açafrão em uma panela funda. Cozinhe esta mistura em fogo médio por 10-15 minutos. Deixe de lado.
- Adicione a mistura de iogurte e as pimentas verdes e cozinhe por 10 minutos, mexendo sempre. Deixe de lado.
- Aqueça o óleo em uma panela. Adicione os ingredientes restantes. Deixe-os cuspir por 30 segundos.
- Despeje na mistura de vegetais. Misture bem. Deixe ferver por 1 a 2 minutos.
- Servir quente.

Caril de leitelho

Para 4 pessoas

Ingredientes

Iogurte 400g/14 onças

250 ml/8 fl oz de água

3 colheres de chá de besan*

2 pimentões verdes, cortados longitudinalmente

10 folhas de curry

Sal a gosto

1 colher de sopa de ghee

½ colher de chá de sementes de cominho

6 dentes de alho esmagados

2 dentes

2 pimentões vermelhos

Pitada de assa-fétida

½ colher de chá de açafrão

1 colher de chá de pimenta em pó

2 colheres de sopa de folhas de coentro, picadas finamente

Método

- Misture bem o iogurte, a água e o besan em uma panela. Certifique-se de que não se formem grumos.
- Adicione pimenta verde, folhas de curry e sal. Cozinhe esta mistura em fogo baixo por 5 a 6 minutos, mexendo ocasionalmente. Deixe de lado.
- Aqueça o ghee em uma panela. Adicione as sementes de cominho e o alho. Doure-os em fogo médio por um minuto.
- Adicione o cravo, a pimenta vermelha, a assa-fétida, a cúrcuma e a pimenta em pó. Misture bem. Frite esta mistura por 1 minuto.
- Despeje tudo no iogurte de curry. Deixe ferver por 4-5 minutos.
- Decore o curry com folhas de coentro. Servir quente.

Curry de couve-flor com creme

Para 4 pessoas

Ingredientes

1 colher de chá de sementes de cominho

3 pimentões verdes, cortados longitudinalmente

1 cm/½ de raiz de gengibre ralada

150g/5½ onças de ghee

500g / 1lb 2 onças de florzinhas de couve-flor

3 batatas grandes cortadas em cubos

2 tomates picados finamente

125g/4½ onças de ervilhas congeladas

2 colheres de chá de açúcar

750 ml/1¼ litro de água

Sal a gosto

250 ml/8 fl oz de creme líquido

1 colher de chá de garam masala

25 g/algumas folhas de coentro, picadas finamente

Método

- Moa sementes de cominho, pimenta verde e gengibre até formar uma pasta. Deixe de lado.
- Aqueça o ghee em uma panela. Adicione a couve-flor e as batatas. Frite-os em fogo médio até dourar.
- Adicione a pasta de cominho e pimenta. Frite por 2-3 minutos.
- Adicione os tomates e as ervilhas. Misture bem. Frite esta mistura por 3-4 minutos.
- Adicione o açúcar, a água, o sal e as natas. Misture bem. Cubra com uma tampa e cozinhe por 10-12 minutos.
- Polvilhe o garam masala e as folhas de coentro sobre o curry. Servir quente.

Ervilhas Usuais

(Ervilha Masala)

Para 3 pessoas

Ingredientes

1 colher de sopa de óleo vegetal refinado

colher de chá de sementes de mostarda

colher de chá de sementes de cominho

¼ colher de chá de pimenta em pó

colher de chá de garam masala

2 pimentões verdes, cortados longitudinalmente

500g / 1lb 2 onças de ervilhas frescas

2 colheres de sopa de água

Sal a gosto

1 colher de sopa de coco fresco ralado

10g/¼oz de folhas de coentro, picadas finamente

Método

- Aqueça o óleo em uma panela. Adicione as sementes de mostarda e as sementes de cominho. Deixe-os cuspir por 15 segundos.
- Adicione pimenta em pó, garam masala e pimenta verde. Doure a mistura em fogo médio por um minuto.
- Adicione as ervilhas, a água e o sal. Misture bem. Cozinhe a mistura em fogo baixo por 7-8 minutos.
- Decore com folhas de coco e coentro. Servir quente.

Aloo Posto

(Batata com sementes de papoula)

Para 4 pessoas

Ingredientes

2 colheres de sopa de óleo de mostarda

1 colher de chá de sementes de cominho

4 colheres de sopa de sementes de papoula, moídas

4 pimentões verdes picados

½ colher de chá de açafrão

Sal a gosto

6 batatas cozidas e cortadas em cubos

2 colheres de sopa de folhas de coentro, picadas finamente

Método

- Aqueça o óleo em uma panela. Adicione as sementes de cominho. Deixe-os cuspir por 15 segundos.
- Adicione sementes de papoula moídas, pimenta verde, açafrão e sal. Doure a mistura por alguns segundos.
- Adicione as batatas. Misture bem. Frite a mistura por 3-4 minutos.
- Decore com folhas de coentro. Servir quente.

Palak Paneer

(Paneer com molho de espinafre)

Para 4 pessoas

Ingredientes

1 colher de sopa de óleo vegetal refinado

Paneer 50g/1¾oz*, cortado em cubos

1 colher de chá de sementes de cominho

1 pimenta verde, dividida longitudinalmente

1 cebola pequena, finamente picada

200g de espinafre, cozido no vapor e moído

1 colher de chá de suco de limão

Açúcar a gosto

Sal a gosto

Método

- Aqueça o óleo em uma panela. Adicione o paneer e frite até dourar. Escorra e reserve.
- Ao mesmo óleo, adicione sementes de cominho, pimenta verde e cebola. Refogue em fogo médio até a cebola dourar.
- Adicione os ingredientes restantes. Mexa a mistura com cuidado. Cozinhe por 5 minutos.
- Deixe essa mistura esfriar um pouco. Triture até formar uma pasta grossa em um processador de alimentos.
- Transfira para uma panela e adicione os pedaços de paneer fritos. Mexa levemente. Cozinhe em fogo baixo por 3-4 minutos. Servir quente.

Matar Paneer

(Ervilhas e Paneer)

Para 4 pessoas

Ingredientes

1½ colheres de sopa de ghee

Painel de 250g/9oz*, picado

2 folhas de louro

½ colher de chá de pimenta em pó

colher de chá: Açafrão

1 colher de chá de coentro moído

½ colher de chá de cominho em pó

400g/14 onças de ervilhas cozidas

2 tomates grandes, escaldados

5 castanhas de caju esmagadas até formar uma pasta

2 colheres de sopa de iogurte grego

Sal a gosto

Método

- Aqueça metade do ghee em uma panela. Adicione os pedaços de paneer e frite em fogo médio até dourar. Deixe de lado.
- Aqueça o restante do ghee em uma panela. Adicione folhas de louro, pimenta em pó, açafrão, coentro e cominho. Deixe-os cuspir por 30 segundos.
- Adicione as ervilhas e os tomates. Frite por 2-3 minutos.
- Adicione a pasta de caju, o iogurte, o sal e os pedaços de paneer fritos. Misture bem. Deixe a mistura ferver por 10 minutos, mexendo ocasionalmente. Servir quente.

Dahi Karela

(Cabaça amarga frita em iogurte)

Para 4 pessoas

Ingredientes

250g/9oz de cabaça amarga*, descascado e dividido longitudinalmente

Sal a gosto

1 colher de chá de amchoor*

2 colheres de sopa de óleo vegetal refinado e um pouco mais para fritar

2 cebolas grandes, finamente picadas

½ colher de chá de pasta de alho

½ colher de chá de pasta de gengibre

Iogurte 400g/14 onças

1½ colher de chá de coentro moído

1 colher de chá de pimenta em pó

½ colher de chá de açafrão

½ colher de chá de garam masala

250 ml/8 fl oz de água

Método

- Marinar a cabaça amarga com sal e amchoor por uma hora. Aqueça o óleo para fritar em uma panela. Adicione a cabaça. Frite em fogo médio até dourar. Escorra e reserve.
- Aqueça 2 colheres de sopa de óleo em uma panela. Adicione a cebola, a pasta de alho e a pasta de gengibre. Refogue em fogo médio até que as cebolas estejam douradas.
- Adicione o restante dos ingredientes e a cabaça amarga. Misture bem. Cozinhe a mistura em fogo baixo por 7-8 minutos. Servir quente.

Caril de tomate e legumes

Para 4 pessoas

Ingredientes

3 colheres de sopa de óleo vegetal refinado

Pitada de sementes de mostarda

Pitada de sementes de cominho

Pitada de assa-fétida

8 folhas de curry

4 pimentões verdes, finamente picados

200g/7oz de vegetais congelados mistos

750g / 1lb 10 onças de tomate, purê

4 colheres de sopa de besan*

Sal a gosto

Método

- Aqueça o óleo em uma panela. Adicione sementes de mostarda, sementes de cominho, assa-fétida, folhas de curry e pimenta. Deixe-os cuspir por 15 segundos.
- Adicione os legumes, o purê de tomate, o besan e o sal. Misture bem. Cozinhe em fogo baixo por 8 a 10 minutos, mexendo ocasionalmente. Servir quente.

Doodhi com Chana Dhal

(Garrafa de cabaça Gram Dhal)

Para 4 pessoas

Ingredientes

1 colher de chá de óleo vegetal refinado

colher de chá de sementes de mostarda

Cabaça 500g/1lb 2oz*, cortado em cubos

1 colher de sopa de chana dhal*, embebido por 1 hora e escorrido

2 tomates picados finamente

Pitada de açafrão

2 colheres de chá de açúcar mascavo*, Grato

½ colher de chá de pimenta em pó

Sal a gosto

120 ml de água

10g/¼oz de folhas de coentro, picadas finamente

Método

- Aqueça o óleo em uma panela. Adicione as sementes de mostarda. Deixe-os cuspir por 15 segundos.
- Adicione o restante dos ingredientes, exceto a água e as folhas de coentro. Misture bem. Frite por 4-5 minutos. Adicione a água. Deixe ferver por 30 minutos.
- Decore com folhas de coentro. Servir quente.

Tomate chi Bhaji*

(caril de tomate)

Para 4 pessoas

Ingredientes

250g/9oz de amendoim torrado

3 pimentas verdes

6 tomates grandes, escaldados e fatiados

1½ colher de sopa de pasta de tamarindo

1 colher de sopa de açúcar mascavo*, Grato

1 colher de chá de garam masala

1 colher de chá de cominho em pó

½ colher de chá de pimenta em pó

Sal a gosto

1 colher de sopa de folhas de coentro, picadas finamente

Método

- Moa o amendoim e a pimenta verde para formar uma pasta lisa.
- Misture com o restante dos ingredientes, exceto as folhas de coentro. Cozinhe esta mistura em uma panela em fogo médio por 5 a 6 minutos.
- Decore o bhaji com folhas de coentro. Servir quente.

Batatas secas

Para 4 pessoas

Ingredientes

1 colher de sopa de óleo vegetal refinado

½ colher de chá de sementes de mostarda

3 pimentões verdes, cortados longitudinalmente

8 a 10 folhas de curry

¼ colher de chá de assa-fétida

colher de chá: Açafrão

Sal a gosto

500g/1lb 2oz de batatas, cozidas e cortadas em cubos

10g/¼oz de folhas de coentro, picadas finamente

Método

- Aqueça o óleo em uma panela. Adicione as sementes de mostarda. Deixe-os cuspir por 15 segundos.
- Adicione pimenta verde, folhas de curry, assa-fétida, açafrão e sal. Doure esta mistura em fogo médio por um minuto.
- Adicione as batatas. Misture bem. Cubra com uma tampa e cozinhe por 5 minutos.
- Decore a mistura de batata com as folhas de coentro. Servir quente.

Quiabo recheado

Para 4 pessoas

Ingredientes

1 colher de sopa de coentro moído

6 dentes de alho

50 g de coco fresco, ralado finamente

1 cm de raiz de gengibre

4 pimentas verdes

6 colheres de sopa de besan*

1 cebola grande, finamente picada

1 colher de chá de cominho em pó

½ colher de chá de pimenta em pó

½ colher de chá de açafrão

Sal a gosto

750 g / 1 lb 10 onças de quiabo grande, dividido no meio do cozimento

60 ml de óleo vegetal refinado

Método

- Moa o coentro, o alho, o coco, o gengibre e a pimenta verde até obter uma pasta lisa. Misture essa pasta com o restante dos ingredientes, exceto o quiabo e o azeite.
- Coloque essa mistura no quiabo.
- Aqueça o azeite em uma frigideira. Adicione o quiabo recheado. Frite em fogo médio até dourar, virando de vez em quando. Servir quente.

Quiabo masala

Para 4 pessoas

Ingredientes

2 colheres de sopa de óleo vegetal refinado

2 dentes de alho picados finamente

½ colher de chá de pimenta em pó

colher de chá: Açafrão

½ colher de chá de coentro moído

½ colher de chá de cominho em pó

600g / 1lb 5 onças de quiabo picado

Sal a gosto

Método

- Aqueça o óleo em uma panela. Adicione o alho. Frite em fogo médio até dourar. Adicione o restante dos ingredientes, exceto o quiabo e o sal. Misture bem. Frite esta mistura por 1-2 minutos.
- Adicione quiabo e sal. Doure a mistura em fogo baixo por 3-4 minutos. Servir quente.

Simla Matar

(Pimentão Verde e Ervilhas ao Curry)

Para 4 pessoas

Ingredientes

2 colheres de sopa de óleo vegetal refinado

3 cebolas pequenas, finamente picadas

2 pimentões verdes, finamente picados

1 colher de chá de pasta de gengibre

1 colher de chá de pasta de alho

2 pimentões verdes grandes, cortados em cubos

600g / 1lb 5 onças de ervilhas congeladas

250 ml/8 fl oz de água

Sal a gosto

1 colher de sopa de coco fresco ralado

½ colher de chá de canela em pó

Método

- Aqueça o óleo em uma panela. Adicione as cebolas. Frite-os em fogo médio até dourar.
- Adicione pimenta verde, pasta de gengibre e pasta de alho. Frite por 1-2 minutos.
- Adicione os pimentões e as ervilhas. Continue a fritar por 5 minutos.
- Adicione a água e o sal. Misture bem. Cubra com uma tampa e cozinhe por 8 a 10 minutos.
- Decore com coco e canela. Servir quente.

Vagens

Para 4 pessoas

Ingredientes

3 colheres de sopa de óleo vegetal refinado

colher de chá de sementes de cominho

colher de chá: Açafrão

½ colher de chá de pimenta em pó

1 colher de chá de coentro moído

1 colher de chá de cominho em pó

1 colher de chá de açúcar

Sal a gosto

500g / 1lb 2 onças de feijão verde, picado finamente

120 ml de água

Método

- Aqueça o óleo em uma panela. Adicione as sementes de cominho e a cúrcuma. Deixe-os cuspir por 15 segundos.
- Adicione o restante dos ingredientes, exceto a água. Misture bem.
- Adicione a água. Cubra com uma tampa. Deixe ferver por 10-12 minutos. Servir quente.

Baquetas Masala

Para 4 pessoas

Ingredientes

2 colheres de sopa de óleo vegetal refinado

2 cebolas pequenas, finamente picadas

½ colher de chá de pasta de gengibre

1 tomate picado

1 pimenta verde, picada finamente

1 colher de chá de cominho em pó

1 colher de chá de coentro moído

½ colher de chá de açafrão

¾ colher de chá de pimenta em pó

4 coxinhas indianas*, corte em pedaços de 5 cm/2

Sal a gosto

250 ml/8 fl oz de água

1 colher de sopa de folhas de coentro, picadas finamente

Método

- Aqueça o óleo em uma panela. Adicione a cebola e a pasta de gengibre. Refogue em fogo médio até que as cebolas fiquem translúcidas.
- Adicione o restante dos ingredientes, exceto a água e as folhas de coentro. Misture bem. Frite por 5 minutos. Adicione a água. Misture bem. Cubra com uma tampa. Deixe ferver por 10-15 minutos.
- Decore os palitos de masala com folhas de coentro. Servir quente.

Batata Seca Picante

Para 4 pessoas

Ingredientes

750g / 1lb 10oz de batatas, cozidas e cortadas em cubos

½ colher de chá de chaat masala*

½ colher de chá de pimenta em pó

colher de chá: Açafrão

3 colheres de sopa de óleo vegetal refinado

1 colher de chá de sementes de gergelim branco

2 pimentões vermelhos secos, cortados em quartos

Sal a gosto

½ colher de chá de cominho em pó, torrado a seco

10g/¼oz de folhas de coentro, picadas finamente

Suco de ½ limão

Método

- Misture as batatas com o chaat masala, a pimenta em pó e o açafrão até que os temperos cubram as batatas. Deixe de lado.
- Aqueça o óleo em uma panela. Adicione as sementes de gergelim e o pimentão vermelho. Deixe-os cuspir por 15 segundos.
- Adicione as batatas e o sal. Misture bem. Cozinhe em fogo baixo por 7 a 8 minutos. Polvilhe os ingredientes restantes por cima. Servir quente.

Khatte Palak

(Espinafre picante)

Para 4 pessoas

Ingredientes

3 colheres de sopa de óleo vegetal refinado

1 cebola grande ralada

½ colher de chá de pasta de gengibre

½ colher de chá de pasta de alho

400g/14 onças de espinafre picado

2 pimentões verdes, finamente picados

½ colher de chá de açafrão

1 colher de chá de cominho em pó

Sal a gosto

125g/4½ onças de iogurte batido

Método

- Aqueça o óleo em uma panela. Adicione a cebola, a pasta de gengibre e a pasta de alho. Refogue esta mistura em fogo médio até que as cebolas fiquem translúcidas.
- Adicione o restante dos ingredientes, exceto o iogurte. Misture bem. Cozinhe em fogo baixo por 7 a 8 minutos.
- Adicione o iogurte. Misture bem. Deixe ferver por 4-5 minutos. Servir quente.

Legumes mistos três em um

Para 4 pessoas

Ingredientes

4 colheres de sopa de óleo vegetal refinado

colher de chá de sementes de mostarda

colher de chá de sementes de feno-grego

300g/10oz de quiabo cortado em cubos

2 pimentões verdes, sem sementes e picados

2 tomates picados finamente

2 pepinos grandes, picados finamente

½ colher de chá de pimenta em pó

colher de chá: Açafrão

Sal a gosto

Método

- Aqueça o óleo em uma panela. Adicione as sementes de mostarda e feno-grego. Deixe-os cuspir por 15 segundos.
- Adicione o quiabo. Doure em fogo médio por 7 minutos. Adicione os ingredientes restantes. Misture bem. Cozinhe em fogo baixo por 5-6 minutos. Servir quente.

Batata com molho de iogurte

Para 4 pessoas

Ingredientes

120 ml de água

3 colheres de sopa de óleo vegetal refinado

1 colher de chá de sementes de cominho

1 colher de chá de sementes de mostarda

1 cm/½ de raiz de gengibre ralada

2 dentes de alho esmagados

3 batatas grandes cozidas e picadas

200g/7oz de iogurte batido

colher de chá de farinha integral

1 colher de chá de sal

Para a mistura de especiarias:

1 colher de chá de pimenta em pó

½ colher de chá de coentro moído

colher de chá: Açafrão

colher de chá de garam masala

Pitada de assa-fétida

Método

- Misture os ingredientes da mistura de especiarias com metade da água. Deixe de lado.
- Aqueça o óleo em uma panela. Adicione as sementes de cominho e mostarda. Deixe-os cuspir por 15 segundos. Adicione o gengibre e o alho. Doure-os em fogo médio por um minuto.
- Adicione a mistura de especiarias e todos os ingredientes restantes. Misture bem. Deixe ferver por 10-12 minutos. Servir quente.

Peixe Parsi Sas

(Peixe cozido ao molho branco)

Para 4 pessoas

Ingredientes

1 colher de sopa de farinha de arroz

1 colher de sopa de açúcar

60 ml de vinagre de malte

2 colheres de sopa de óleo vegetal refinado

2 cebolas grandes em fatias finas

½ colher de chá de pasta de gengibre

½ colher de chá de pasta de alho

1 colher de chá de cominho em pó

Sal a gosto

250 ml/8 fl oz de água

8 filés de linguado com limão

2 ovos batidos

Método

- Moa a farinha de arroz com açúcar e vinagre até formar uma pasta. Deixe de lado.
- Aqueça o óleo em uma panela. Refogue a cebola em fogo baixo até dourar.
- Adicione pasta de gengibre, pasta de alho, cominho moído, sal, água e peixe. Cozinhe em fogo baixo por 25 minutos, mexendo de vez em quando.
- Adicione a mistura de farinha e cozinhe por um minuto.
- Adicione cuidadosamente os ovos. Mexa por um minuto. Decore e sirva quente.

Peshawari Machhi

Para 4 pessoas

Ingredientes

3 colheres de sopa de óleo vegetal refinado

1kg/2¼lb de salmão cortado em bifes

2,5 cm de raiz de gengibre ralada

8 dentes de alho esmagados

2 cebolas grandes picadas

3 tomates escaldados e picados

1 colher de chá de garam masala

Iogurte 400g/14 onças

colher de chá: Açafrão

1 colher de chá de amchoor*

Sal a gosto

Método

- Aqueça o óleo. Doure o peixe em fogo baixo até dourar. Escorra e reserve.

- No mesmo óleo, acrescente o gengibre, o alho e a cebola. Doure em fogo baixo por 6 minutos. Adicione o peixe frito e todos os ingredientes restantes. Misture bem.
- Cozinhe por 20 minutos e sirva quente.

Caril de caranguejo

Para 4 pessoas

Ingredientes

4 caranguejos de tamanho médio, limpos (ver<u>técnicas de culinária</u>)

Sal a gosto

1 colher de chá de açafrão

½ coco ralado

6 dentes de alho

4-5 pimentões vermelhos

1 colher de sopa de sementes de coentro

1 colher de sopa de sementes de cominho

1 colher de chá de pasta de tamarindo

3-4 pimentões verdes, cortados longitudinalmente

1 colher de sopa de óleo vegetal refinado

1 cebola grande, finamente picada

Método

- Marinar os caranguejos com sal e açafrão por 30 minutos.
- Moa todos os ingredientes restantes, exceto o azeite e a cebola, com água suficiente para formar uma pasta lisa.
- Aqueça o óleo em uma panela. Refogue a pasta moída e a cebola em fogo baixo até a cebola dourar. Adicione um pouco de água. Deixe ferver por 7 a 8 minutos, mexendo ocasionalmente. Adicione os caranguejos marinados. Misture bem e cozinhe por 5 minutos. Servir quente.

Peixe mostarda

Para 4 pessoas

Ingredientes

8 colheres de sopa de óleo de mostarda

4 trutas, 250g/9oz cada

2 colheres de chá de cominho em pó

2 colheres de chá de mostarda moída

1 colher de chá de coentro moído

½ colher de chá de açafrão

120 ml de água

Sal a gosto

Método

- Aqueça o óleo em uma panela. Adicione o peixe e frite em fogo médio por 1 a 2 minutos. Vire o peixe e repita. Escorra e reserve.
- Ao mesmo azeite junte o cominho moído, a mostarda e os coentros. Deixe-os cuspir por 15 segundos.
- Adicione açafrão, água, sal e peixe frito. Misture bem e cozinhe por 10-12 minutos. Servir quente.

www.ingramcontent.com/pod-product-compliance
Lightning Source LLC
Chambersburg PA
CBHW071904110526
44591CB00011B/1549